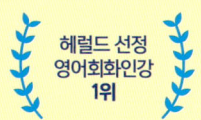 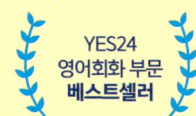 

기초회화 전문가 **안젤라 선생님**   기초회화 전문가 **더글라스 선생님**

[영어회화인강 1위] 헤럴드 선정 2018 대학생 선호 브랜드 대상 '영어회화 인강' 부문 1위(2018.01.02.), [베스트셀러] YES24 국어 외국어 사전 분야 영어회화/생활영어 부문 (2017년 3월 월별 베스트 기준), [우수 콘텐츠] 과학기술정보통신부 주최 한국데이터진흥원 인증 우수 콘텐츠서비스 (2017.09.01.)

영어 잘하는 사람은 쉬운 영어가 자동발사!

10분 집중
최적의 집중 시간 15분
그보다 짧은
10분 강의로 집중력 UP!

패턴 연상
하나의 패턴만으로
수십 개 문장 만들기
짧고 긴 모든 문장을
패턴 하나로

반복 훈련
학습자와 끊임없이
소통하며 복습하는 강의
기억력을 높여주는
4단계 반복 학습

쉬운 영어
실생활에서 주로 쓰는
쉬운 단어와 예문 학습
왕초보도 쉬운 영어로
실생활 회화까지 끝!

해커스톡 자동발사영어 100% 활용방법

교재 무료 동영상강의 [일부 강의 무료제공]

1. 해커스톡 사이트(HackersTalk.co.kr) 접속 후 로그인합니다.
2. 사이트 상단 탭의 [무료강의/자료 → 해커스톡TV]를 클릭하여 본 교재 강의를 수강합니다.

교재 무료 MP3

1. 해커스톡 사이트(HackersTalk.co.kr) 접속 후 로그인합니다.
2. 사이트 상단 탭의 [무료강의/자료 → 무료 자료/MP3]를 클릭해 주세요.
3. [무료 MP3/자료] 중, 본 교재의 '예문음성/복습용 MP3'를 클릭하여 다운로드합니다.

무료 레벨테스트

1. 해커스톡 사이트(HackersTalk.co.kr) 접속합니다.
2. 사이트 상단 탭의 [무료 레벨테스트]를 클릭하여 이용합니다.

레벨테스트 바로 가기 ▲

해커스톡 자동발사영어 팟캐스트

1. 팟빵 사이트(www.Podbbang.com) 혹은 어플이나, 아이폰 Podcast 어플에서 '해커스톡'을 검색하여 이용합니다.

팟빵에서 팟캐스트 들어보기 ▲

초판 7쇄 발행	2022년 9월 5일
초판 1쇄 발행	2016년 12월 8일

지은이	해커스 어학연구소
펴낸곳	(주)해커스 어학연구소
펴낸이	해커스 어학연구소 출판팀

주소	서울특별시 서초구 강남대로61길 23 (주)해커스 어학연구소
고객센터	02-537-5000
교재 관련 문의	publishing@hackers.com
동영상강의	HackersTalk.co.kr

ISBN	978-89-6542-201-3 (13740)
Serial Number	01-07-01

저작권자 ⓒ 2016, 해커스 어학연구소
이 책 및 음성파일의 모든 내용, 이미지, 디자인, 편집 형태에 대한 저작권은
저자에게 있습니다. 서면에 의한 저자와 출판사의 허락 없이 내용의 일부 혹은 전부를
인용, 발췌하거나 복제, 배포할 수 없습니다.

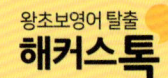

해커스톡(HackersTalk.co.kr)
· 패턴 학습법으로 누구나 쉽게 말하는 **자동발사영어** 강의 제공
· 따라만 해도 영어 말문이 트이는 교재 예문음성 MP3 무료 제공
· 체계적인 학습 커리큘럼으로 단계별 실력 완성 가능

해커스톡 영어회화 시리즈

에코잉 학습법으로 영어 자동발사
해커스톡 자동발사영어

"가이드 없이 자유롭게 해외여행 하고 싶어요."

"외국 고객에게 안부인사를 할 수 있었으면 좋겠어요."

"유치원생 손자에게 영어 할 줄 아는 멋진 할머니가 되고 싶네요."

"쉽게, 바로, 자유롭게"
우리는 영어를 말하고 싶어 하죠.

해커스 자동발사영어와 함께라면,
문법이나 어려운 단어를 몰라도 영어로 말할 수 있어요!

"교환학생 가기 전, 영어울렁증 극복하고 싶습니다."

"아이 초등학교 입학 전 영어 정도는 제가 직접 봐주고 싶어요."

해커스톡 자동발사영어
왕초보 말문트기 1탄

왕초보도 영어 자동발사!

어릴 때 영어 공부 참 열심히 했는데도 **영어 말하기는 늘 어렵기만 하죠.**
정작 영어로 말해야 하는 상황이 오면 머리 속이 뒤죽박죽이 되면서 간단한 말 한마디도 입 밖으로 꺼내기가 참 어려워요.

에코잉 학습법으로 영어 자동발사!

문법과 단어 잘 모르셔도 괜찮아요.
에코잉 학습법으로 따라만 하면 영어가 자동으로 발사 돼요!

> 📡 에코잉 학습법이란?
> 선생님이나 원어민의 음성을 듣고 메아리처럼 따라하는 학습법으로, 따라하기만 하면 자신도 모르게 문장의 내용을 귀로 듣고, 뇌로 이해하게 되는 동시에 발음이 교정된다. 이 학습법을 따라 훈련하다보면, 내가 생각하는 문장이 바로 영어로 나오게 된다.

이렇게 학습하세요

 따라하며 톡!

영어 문장을 큰 소리로 따라하며 영어 문장이 자동 발사 될 때까지 에코잉 해 보세요. 실제로 이 문장이 쓰이는 상황들과 함께 학습해 보세요.

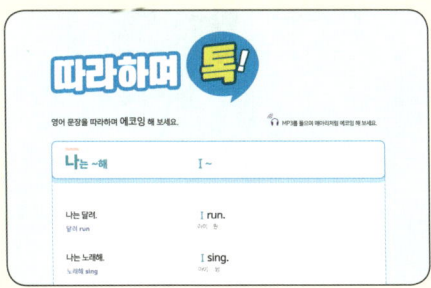

 자동발사 톡!

주어진 상황을 떠올리며 우리말만 보고 영어로 자동발사 해 보세요. 자신도 모르게 영어가 자동발사가 될 수 있도록 합니다.

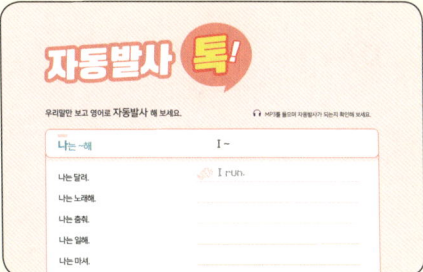

목차

DAY 01 나는 먹어. I eat.		7
DAY 02 나는 피자를 먹어. I eat pizza.		17
DAY 03 나는 피자를 안 먹어. I don't eat pizza.		27
DAY 04 너는 피자를 먹니? Do you eat pizza?		37

DAY 05 나는 TV를 봤어. I watched TV.		47
DAY 06 나는 TV를 안 봤어. I didn't watch TV.		57
DAY 07 너는 TV를 봤니? Did you watch TV?		67
DAY 08 나는 요리할 거야. I will cook.		77
DAY 09 너는 요리할 거니? Will you cook?		87

DAY 10	나는 수영할 수 있어.	97
I can swim.		
DAY 11	너는 수영할 수 있니?	107
Can you swim?		
DAY 12	나는 가야 해.	117
I should go.		
DAY 13	나는 가야 하니?	127
Should I go?		
DAY 14	나는 갈지도 몰라.	137
I might go.		

DAY 15	나는 바빠.	147
I am busy.		
DAY 16	나는 바빴어.	157
I was busy.		
DAY 17	너는 바쁘니?	167
Are you busy?		
DAY 18	나는 의사야.	177
I am a doctor.		
DAY 19	나는 의사였어.	187
I was a doctor.		
DAY 20	너는 의사니?	197
Are you a doctor?		

자동발사 최종 확인! [부록] 207

DAY 01 | 나는 먹어.
I eat.

나는 ~해

> 나는 먹어.

나는 먹는다.
고로 나는 존재한다.
- 데카르통통

'먹어'는 eat, '나는 먹어'는 그 앞에 I를 붙이면 돼요.

 I eat. 이렇게요.
아이   이트

영어 문장을 따라하며 에코잉 해 보세요. 🎧 MP3를 들으며 메아리처럼 에코잉 해 보세요.

나는 ~해   I ~

나는 달려.　　　　　　　　　　I run.
달려 run　　　　　　　　　　　아이　원

나는 노래해.　　　　　　　　　I sing.
노래해 sing　　　　　　　　　　아이　씽

나는 춤춰.　　　　　　　　　　I dance.
춤춰 dance　　　　　　　　　　아이　댄쓰

나는 일해.　　　　　　　　　　I work.
일해 work　　　　　　　　　　　아이　월크

나는 마셔.　　　　　　　　　　I drink.
마셔 drink　　　　　　　　　　아이　드링크

나는 만들어.　　　　　　　　　I make.
만들어 make　　　　　　　　　　아이　메이크

나는 사.　　　　　　　　　　　I buy.
사 buy　　　　　　　　　　　　아이　바이

나는 좋아해.　　　　　　　　　I like.
좋아해 like　　　　　　　　　　아이　라이크

영어 문장을 따라하며 에코잉 해 보세요.

| 너는 ~해 | You ~ |

너는 달려.
달려 run

You run.
유　뤈

너는 노래해.
노래해 sing

You sing.
유　씽

너는 춤춰.
춤춰 dance

You dance.
유　댄쓰

너는 일해.
일해 work

You work.
유　월크

너는 마셔.
마셔 drink

You drink.
유　드륑크

너는 만들어.
만들어 make

You make.
유　메이크

너는 사.
사 buy

You buy.
유　바이

너는 좋아해.
좋아해 like

You like.
유　라이크

우리말만 보고 영어로 자동발사 해 보세요. 🎧 MP3를 들으며 자동발사가 되는지 확인해 보세요.

나는 ~해   I ~

나는 달려.	🔊 I run.
나는 노래해.	
나는 춤춰.	
나는 일해.	
나는 마셔.	
나는 만들어.	
나는 사.	
나는 좋아해.	

너는 ~해   You ~

너는 달려.	🔊 You run.
너는 노래해.	
너는 춤춰.	
너는 일해.	
너는 마셔.	
너는 만들어.	
너는 사.	
너는 좋아해.	

다시 한 번 말해보면서 자동발사 되는지 **확인** 해 보세요.

나는 ~해

나는 달려.	I run.
나는 노래해.	I sing.
나는 춤춰.	I dance.
나는 일해.	I work.
나는 마셔.	I drink.
나는 만들어.	I make.
나는 사.	I buy.
나는 좋아해.	I like.

너는 ~해

너는 달려.	You run.
니는 노래해.	You sing.
너는 춤춰.	You dance.
너는 일해.	You work.
너는 마셔.	You drink.
너는 만들어.	You make.
너는 사.	You buy.
너는 좋아해.	You like.

영어 문장을 따라하며 에코잉 해 보세요. 🎧 MP3를 들으며 메아리처럼 에코잉 해 보세요.

그는 ~해   He ~

그는 달려. 달려 run	He runs. 히 룬스	그(He)나 그녀(She)로 문장이 시작하면 s를 붙여 말해요.

그는 노래해.
노래해 sing

He sings.
히   씽스

그는 춤춰.
춤춰 dance

He dances.
히   댄씨스

그는 일해.
일해 work

He works.
히   월크스

그는 마셔.
마셔 drink

He drinks.
히   드링스

그는 만들어.
만들어 make

He makes.
히   메익스

그는 사.
사 buy

He buys.
히   바이스

그는 좋아해.
좋아해 like

He likes.
히   라익스

영어 문장을 따라하며 에코잉 해 보세요.

그녀는 ~해   She ~

그녀는 달려.
달려 run

She runs.
쉬   뤈스

그녀는 노래해.
노래해 sing

She sings.
쉬   씽스

그녀는 춤춰.
춤춰 dance

She dances.
쉬   댄씨스

그녀는 일해.
일해 work

She works.
쉬   월크스

그녀는 마셔.
마셔 drink

She drinks.
쉬   드링스

그녀는 만들어.
만들어 make

She makes.
쉬   메익스

그녀는 사.
사 buy

She buys.
쉬   바이스

그녀는 좋아해.
좋아해 like

She likes.
쉬   라익스

우리말만 보고 영어로 **자동발사** 해 보세요.   🎧 MP3를 들으며 자동발사가 되는지 확인해 보세요.

그는 ~해   He ~

그는 달려.   📢 He runs.
그는 노래해.
그는 춤춰.
그는 일해.
그는 마셔.
그는 만들어.
그는 사.
그는 좋아해.

그녀는 ~해   She ~

그녀는 달려.   📢 She runs.
그녀는 노래해.
그녀는 춤춰.
그녀는 일해.
그녀는 마셔.
그녀는 만들어.
그녀는 사.
그녀는 좋아해.

다시 한 번 말해보면서 자동발사 되는지 **확인** 해 보세요.

그는 ~해

그는 달려.	He runs.
그는 노래해.	He sings.
그는 춤춰.	He dances.
그는 일해.	He works.
그는 마셔.	He drinks.
그는 만들어.	He makes.
그는 사.	He buys.
그는 좋아해.	He likes.

그녀는 ~해

그녀는 달려.	She runs.
그녀는 노래해.	She sings.
그녀는 춤춰.	She dances.
그녀는 일해.	She works.
그녀는 마셔.	She drinks.
그녀는 만들어.	She makes.
그녀는 사.	She buys.
그녀는 좋아해.	She likes.

DAY 02 | 나는 피자를 먹어.
I eat pizza.

나는 무엇을 ~해

> 나는 피자를 먹어.

잘 시킨 피자 한 판
삼겹살 열 근 안 부럽다.

'나는 먹어'는 **I eat**, '나는 피자를 먹어'는 그 뒤에 **pizza**를 붙이면 돼요.

I eat pizza. 이렇게요.
아이   이트   피자

영어 문장을 따라하며 에코잉 해 보세요.   MP3를 들으며 메아리처럼 에코잉 해 보세요.

나는 무엇을 ~해   I ~ 무엇

나는 맥주를 마셔.
나는 마셔 I drink
I drink beer.
아이 드링크   비어

나는 커피를 만들어.
나는 만들어 I make
I make coffee.
아이 메이크   커피

나는 우유를 사.
나는 사 I buy
I buy milk.
아이 바이   밀크

나는 파스타를 좋아해.
나는 좋아해 I like
I like pasta.
아이 라이크   파스타

나는 축구를 해.
나는 해 I play
I play soccer.
아이 플레이   싸커

나는 TV를 봐.
나는 봐 I watch
I watch TV.
아이 워취   티뷔

나는 영어를 말해.
나는 말해 I speak
I speak English.
아이 스피크   잉글리쉬

나는 책을 읽어.
나는 읽어 I read
I read a book.   'a'는 '한 개'임을 나타내요.
아이 뤼드   어   북

영어 문장을 따라하며 에코잉 해 보세요.

> **너**는 무엇을 ~해　　　　You ~ 무엇

너는 맥주를 마셔.
너는 마셔 **You drink**

You drink beer.
유　　드륑크　　비어

너는 커피를 만들어.
너는 만들어 **You make**

You make coffee.
유　　메이크　　커퓌

너는 우유를 사.
너는 사 **You buy**

You buy milk.
유　　바이　　밀크

너는 파스타를 좋아해.
너는 좋아해 **You like**

You like pasta.
유　　라이크　　파스타

너는 축구를 해.
너는 해 **You play**

You play soccer.
유　　플레이　　싸커

너는 TV를 봐.
너는 봐 **You watch**

You watch TV.
유　　워취　　티뷔

너는 영어를 말해.
너는 말해 **You speak**

You speak English.
유　　스피크　　잉글리쉬

너는 책을 읽어.
너는 읽어 **You read**

You read a book.
유　　뤼드　　어　　북

우리말만 보고 영어로 **자동발사** 해 보세요.   MP3를 들으며 자동발사가 되는지 확인해 보세요.

나는 무엇을 ~해   I ~ 무엇

나는 맥주를 마셔.   I drink beer.

나는 커피를 만들어.

나는 우유를 사.

나는 파스타를 좋아해.

나는 축구를 해.

나는 TV를 봐.

나는 영어를 말해.

나는 책을 읽어.

너는 무엇을 ~해   You ~ 무엇

너는 맥주를 마셔.   You drink beer.

너는 커피를 만들어.

너는 우유를 사.

너는 파스타를 좋아해.

너는 축구를 해.

너는 TV를 봐.

너는 영어를 말해.

너는 책을 읽어.

다시 한 번 말해보면서 자동발사 되는지 **확인** 해 보세요.

나는 무엇을 ~해

나는 맥주를 마셔.	I drink beer.
나는 커피를 만들어.	I make coffee.
나는 우유를 사.	I buy milk.
나는 파스타를 좋아해.	I like pasta.
나는 축구를 해.	I play soccer.
나는 TV를 봐.	I watch TV.
나는 영어를 말해.	I speak English.
나는 책을 읽어.	I read a book.

너는 무엇을 ~해

너는 맥주를 마셔.	You drink beer.
너는 커피를 만들어.	You make coffee.
너는 우유를 사.	You buy milk.
너는 파스타를 좋아해.	You like pasta.
너는 축구를 해.	You play soccer.
너는 TV를 봐.	You watch TV.
너는 영어를 말해.	You speak English.
너는 책을 읽어.	You read a book.

영어 문장을 따라하며 에코잉 해 보세요. MP3를 들으며 메아리처럼 에코잉 해 보세요.

그는 무엇을 ~해 He ~ 무엇

그는 맥주를 마셔.
그는 마셔 He drinks
He drinks beer.
히 드링스 비어

그는 커피를 만들어.
그는 만들어 He makes
He makes coffee.
히 메익스 커피

그는 우유를 사.
그는 사 He buys
He buys milk.
히 바이스 밀크

그는 파스타를 좋아해.
그는 좋아해 He likes
He likes pasta.
히 라익스 파스타

그는 컴퓨터를 사용해.
그는 사용해 He uses
He uses a computer.
히 유지스 어 컴퓨러

그는 너를 사랑해.
그는 사랑해 He loves
He loves you.
히 러브스 유

그는 자동차를 운전해.
그는 운전해 He drives
He drives a car.
히 드라이브스 어 카

그는 편지를 써.
그는 써 He writes
He writes a letter.
히 라이츠 어 레러

영어 문장을 따라하며 에코잉 해 보세요.

그녀는 무엇을 ~해   She ~ 무엇

그녀는 맥주를 마셔.
그녀는 마셔 She drinks

She drinks beer.
쉬   드링스   비어

그녀는 커피를 만들어.
그녀는 만들어 She makes

She makes coffee.
쉬   메익스   커피

그녀는 우유를 사.
그녀는 사 She buys

She buys milk.
쉬   바이스   밀크

그녀는 파스타를 좋아해.
그녀는 좋아해 She likes

She likes pasta.
쉬   라익스   파스타

그녀는 컴퓨터를 사용해.
그녀는 사용해 She uses

She uses a computer.
쉬   유지스   어   컴퓨러

그녀는 너를 사랑해.
그녀는 사랑해 She loves

She loves you.
쉬   러브스   유

그녀는 자동차를 운전해.
그녀는 운전해 She drives

She drives a car.
쉬   드라이브스   어   카

그녀는 편지를 써.
그녀는 써 She writes

She writes a letter.
쉬   라이츠   어   레러

우리말만 보고 영어로 **자동발사** 해 보세요.　　　🎧 MP3를 들으며 자동발사가 되는지 확인해 보세요.

그는 무엇을 ~해　　　He ~ 무엇

그는 맥주를 마셔.　　📢 He drinks beer.

그는 커피를 만들어.

그는 우유를 사.

그는 파스타를 좋아해.

그는 컴퓨터를 사용해.

그는 너를 사랑해.

그는 자동차를 운전해.

그는 편지를 써.

그녀는 무엇을 ~해　　　She ~ 무엇

그녀는 맥주를 마셔.　　📢 She drinks beer.

그녀는 커피를 만들어.

그녀는 우유를 사.

그녀는 파스타를 좋아해.

그녀는 컴퓨터를 사용해.

그녀는 너를 사랑해.

그녀는 자동차를 운전해.

그녀는 편지를 써.

다시 한 번 말해보면서 자동발사 되는지 **확인** 해 보세요.

그는 무엇을 ~해

그는 맥주를 마셔.	He drinks beer.
그는 커피를 만들어.	He makes coffee.
그는 우유를 사.	He buys milk.
그는 파스타를 좋아해.	He likes pasta.
그는 컴퓨터를 사용해.	He uses a computer.
그는 너를 사랑해.	He loves you.
그는 자동차를 운전해.	He drives a car.
그는 편지를 써.	He writes a letter.

그녀는 무엇을 ~해

그녀는 맥주를 마셔.	She drinks beer.
그녀는 커피를 만들어.	She makes coffee.
그녀는 우유를 사.	She buys milk.
그녀는 파스타를 좋아해.	She likes pasta.
그녀는 컴퓨터를 사용해.	She uses a computer.
그녀는 너를 사랑해.	She loves you.
그녀는 자동차를 운전해.	She drives a car.
그녀는 편지를 써.	She writes a letter.

DAY 03

나는 피자를 안 먹어.
I don't eat pizza.

나는 ~ 안 해

> 나는 피자를 안 먹어.

치킨 만세!

'피자를 먹어'는 eat pizza, '나는 피자를 안 먹어'는 그 앞에 **I don't**를 붙이면 돼요.

 I don't eat pizza. 이렇게요.
아이   돈트   이트   피자

영어 문장을 따라하며 에코잉 해 보세요.　　　🎧 MP3를 들으며 메아리처럼 에코잉 해 보세요.

| 나는 ~ 안 해 | I don't ~ |

나는 노래 안 해.
노래해 sing
I don't sing.
아이　돈트　씽

나는 춤 안 춰.
춤춰 dance
I don't dance.
아이　돈트　댄쓰

나는 맥주를 안 마셔.
맥주를 마셔 drink beer
I don't drink beer.
아이　돈트　드링크　비어

나는 파스타를 안 좋아해.
파스타를 좋아해 like pasta
I don't like pasta.
아이　돈트　라이크　파스타

나는 축구를 안 해.
축구를 해 play soccer
I don't play soccer.
아이　돈트　플레이　싸커

나는 TV를 안 봐.
TV를 봐 watch TV
I don't watch TV.
아이　돈트　워취　티뷔

나는 영어를 말 안 해.
영어를 말해 speak English
I don't speak English.
아이　돈트　스피크　잉글리쉬

나는 책을 안 읽어.
책을 읽어 read a book
I don't read a book.
아이　돈트　뤼드　어　북

영어 문장을 따라하며 에코잉 해 보세요.

| 너는 ~ 안 해 | You don't ~ |

너는 노래 안 해.
노래해 sing

You don't sing.
유 돈트 씽

너는 춤 안 춰.
춤춰 dance

You don't dance.
유 돈트 댄쓰

너는 맥주를 안 마셔.
맥주를 마셔 drink beer

You don't drink beer.
유 돈트 드링크 비어

너는 파스타를 안 좋아해.
파스타를 좋아해 like pasta

You don't like pasta.
유 돈트 라이크 파스타

너는 축구를 안 해.
축구를 해 play soccer

You don't play soccer.
유 돈트 플레이 싸커

너는 TV를 안 봐.
TV를 봐 watch TV

You don't watch TV.
유 돈트 워취 티뷔

너는 영어를 말 안 해.
영어를 말해 speak English

You don't speak English.
유 돈트 스피크 잉글리쉬

너는 책을 안 읽어.
책을 읽어 read a book

You don't read a book.
유 돈트 뤼드 어 북

우리말만 보고 영어로 **자동발사** 해 보세요.   🎧 MP3를 들으며 자동발사가 되는지 확인해 보세요.

나는 ~ 안 해   I don't ~

나는 노래 안 해.	📢 I don't sing.
나는 춤 안 춰.	
나는 맥주를 안 마셔.	
나는 파스타를 안 좋아해.	
나는 축구를 안 해.	
나는 TV를 안 봐.	
나는 영어를 말 안 해.	
나는 책을 안 읽어.	

너는 ~ 안 해   You don't ~

너는 노래 안 해.	📢 You don't sing.
너는 춤 안 춰.	
너는 맥주를 안 마셔.	
너는 파스타를 안 좋아해.	
너는 축구를 안 해.	
너는 TV를 안 봐.	
너는 영어를 말 안 해.	
너는 책을 안 읽어.	

다시 한 번 말해보면서 자동발사 되는지 **확인** 해 보세요.

나는 ~ 안 해

나는 노래 안 해.	I don't sing.
나는 춤 안 춰.	I don't dance.
나는 맥주를 안 마셔.	I don't drink beer.
나는 파스타를 안 좋아해.	I don't like pasta.
나는 축구를 안 해.	I don't play soccer.
나는 TV를 안 봐.	I don't watch TV.
나는 영어를 말 안 해.	I don't speak English.
나는 책을 안 읽어.	I don't read a book.

너는 ~ 안 해

너는 노래 안 해.	You don't sing.
너는 춤 안 춰.	You don't dance.
너는 맥주를 안 마셔.	You don't drink beer.
너는 파스타를 안 좋아해.	You don't like pasta.
너는 축구를 안 해.	You don't play soccer.
너는 TV를 안 봐.	You don't watch TV.
너는 영어를 말 안 해.	You don't speak English.
너는 책을 안 읽어.	You don't read a book.

영어 문장을 따라하며 에코잉 해 보세요.　　　　　　　　　🎧 MP3를 들으며 메아리처럼 에코잉 해 보세요.

그는 ~ 안 해　　　　He doesn't ~

그는 노래 안 해.　　　　　　　　　He doesn't sing.
노래해 sing　　　　　　　　　　　히　더즌트　씽

그는 춤 안 춰.　　　　　　　　　　He doesn't dance.
춤춰 dance　　　　　　　　　　　히　더즌트　댄쓰

그는 맥주를 안 마셔.　　　　　　　He doesn't drink beer.
맥주를 마셔 drink beer　　　　　　히　더즌트　드링크　비어

그는 파스타를 안 좋아해.　　　　　He doesn't like pasta.
파스타를 좋아해 like pasta　　　　　히　더즌트　라이크　파스타

그는 컴퓨터를 사용 안 해.　　　　　He doesn't use a computer.
컴퓨터를 사용해 use a computer　　히　더즌트　유즈 어　컴퓨러

그는 너를 사랑 안 해.　　　　　　　He doesn't love you.
너를 사랑해 love you　　　　　　　히　더즌트　러브　유

그는 자동차를 운전 안 해.　　　　　He doesn't drive a car.
자동차를 운전해 drive a car　　　　히　더즌트　드라이브 어　카

그는 편지를 안 써.　　　　　　　　He doesn't write a letter.
편지를 써 write a letter　　　　　　히　더즌트　롸이트 어　레러

영어 문장을 따라하며 **에코잉** 해 보세요.

그녀는 ~ 안 해 She doesn't ~

그녀는 노래 안 해.
노래해 sing

She doesn't sing.
쉬   더즌트   씽

그녀는 춤 안 춰.
춤춰 dance

She doesn't dance.
쉬   더즌트   댄쓰

그녀는 맥주를 안 마셔.
맥주를 마셔 drink beer

She doesn't drink beer.
쉬   더즌트   드링크   비어

그녀는 파스타를 안 좋아해.
파스타를 좋아해 like pasta

She doesn't like pasta.
쉬   더즌트   라이크   파스타

그녀는 컴퓨터를 사용 안 해.
컴퓨터를 사용해 use a computer

She doesn't use a computer.
쉬   더즌트   유즈 어   컴퓨러

그녀는 너를 사랑 안 해.
너를 사랑해 love you

She doesn't love you.
쉬   더즌트   러브   유

그녀는 자동차를 운전 안 해.
자동차를 운전해 drive a car

She doesn't drive a car.
쉬   더즌트   드라이브 어   카

그녀는 편지를 안 써.
편지를 써 write a letter

She doesn't write a letter.
쉬   더즌트   롸이트 어   레러

우리말만 보고 영어로 **자동발사** 해 보세요.　　🎧 MP3를 들으며 자동발사가 되는지 확인해 보세요.

그는 ~ 안 해　　　　　He doesn't ~

그는 노래 안 해.　　　　　He doesn't sing.
그는 춤 안 춰.
그는 맥주를 안 마셔.
그는 파스타를 안 좋아해.
그는 컴퓨터를 사용 안 해.
그는 너를 사랑 안 해.
그는 자동차를 운전 안 해.
그는 편지를 안 써.

그녀는 ~ 안 해　　　　　She doesn't ~

그녀는 노래 안 해.　　　　She doesn't sing.
그녀는 춤 안 춰.
그녀는 맥주를 안 마셔.
그녀는 파스타를 안 좋아해.
그녀는 컴퓨터를 사용 안 해.
그녀는 너를 사랑 안 해.
그녀는 자동차를 운전 안 해.
그녀는 편지를 안 써.

다시 한 번 말해보면서 자동발사 되는지 확인 해 보세요.

그는 ~ 안 해

그는 노래 안 해.	He doesn't sing.
그는 춤 안 춰.	He doesn't dance.
그는 맥주를 안 마셔.	He doesn't drink beer.
그는 파스타를 안 좋아해.	He doesn't like pasta.
그는 컴퓨터를 사용 안 해.	He doesn't use a computer.
그는 너를 사랑 안 해.	He doesn't love you.
그는 자동차를 운전 안 해.	He doesn't drive a car.
그는 편지를 안 써.	He doesn't write a letter.

그녀는 ~ 안 해

그녀는 노래 안 해.	She doesn't sing.
그녀는 춤 안 춰.	She doesn't dance.
그녀는 맥주를 안 마셔.	She doesn't drink beer.
그녀는 파스타를 안 좋아해.	She doesn't like pasta.
그녀는 컴퓨터를 사용 안 해.	She doesn't use a computer.
그녀는 너를 사랑 안 해.	She doesn't love you.
그녀는 자동차를 운전 안 해.	She doesn't drive a car.
그녀는 편지를 안 써.	She doesn't write a letter.

더글라스 선생님의 동영상강의

따라만 해도 영어가 술술 나오는 에코잉놀이!

왕초보영어 탈출 해커스톡

DAY 04 | 너는 피자를 먹니?

Do you eat pizza?

너는 ~하니?

> 너는 피자를 먹니?

피자는 사랑을 싣고 ♥

'피자를 먹어'는 eat pizza, '너는 피자를 먹니?'는 그 앞에 **Do you**를 붙이면 돼요.

 Do you eat pizza? 이렇게요.
두 유 이트 피자

영어 문장을 따라하며 에코잉 해 보세요. MP3를 들으며 메아리처럼 에코잉 해 보세요.

너는 ~하니?	Do you ~

너는 노래하니?
노래해 sing

Do you sing?
두 유 씽

너는 춤추니?
춤춰 dance

Do you dance?
두 유 댄쓰

너는 맥주를 마시니?
맥주를 마셔 drink beer

Do you drink beer?
두 유 드륑크 비어

너는 파스타를 좋아하니?
파스타를 좋아해 like pasta

Do you like pasta?
두 유 라이크 파스타

너는 축구를 하니?
축구를 해 play soccer

Do you play soccer?
두 유 플레이 싸커

너는 TV를 보니?
TV를 봐 watch TV

Do you watch TV?
두 유 워취 티뷔

너는 영어를 말하니?
영어를 말해 speak English

Do you speak English?
두 유 스피크 잉글리쉬

너는 책을 읽니?
책을 읽어 read a book

Do you read a book?
두 유 뤼드 어 북

영어 문장을 따라하며 에코잉 해 보세요.

그들은 ~하니?   Do they ~

그들은 노래하니?
노래해 sing

Do they sing?
두   데이   씽

그들은 춤추니?
춤춰 dance

Do they dance?
두   데이   댄쓰

그들은 맥주를 마시니?
맥주를 마셔 drink beer

Do they drink beer?
두   데이   드링크   비어

그들은 파스타를 좋아하니?
파스타를 좋아해 like pasta

Do they like pasta?
두   데이   라이크   파스타

그들은 축구를 하니?
축구를 해 play soccer

Do they play soccer?
두   데이   플레이   싸커

그들은 TV를 보니?
TV를 봐 watch TV

Do they watch TV?
두   데이   워취   티뷔

그들은 영어를 말하니?
영어를 말해 speak English

Do they speak English?
두   데이   스피크   잉글리쉬

그들은 책을 읽니?
책을 읽어 read a book

Do they read a book?
두   데이   뤼드   어   북

우리말만 보고 영어로 **자동발사** 해 보세요.   🎧 MP3를 들으며 자동발사가 되는지 확인해 보세요.

너는 ~하니?   Do you ~

너는 노래하니?	📢 Do you sing?
너는 춤추니?	
너는 맥주를 마시니?	
너는 파스타를 좋아하니?	
너는 축구를 하니?	
너는 TV를 보니?	
너는 영어를 말하니?	
너는 책을 읽니?	

그들은 ~하니?   Do they ~

그들은 노래하니?	📢 Do they sing?
그들은 춤추니?	
그들은 맥주를 마시니?	
그들은 파스타를 좋아하니?	
그들은 축구를 하니?	
그들은 TV를 보니?	
그들은 영어를 말하니?	
그들은 책을 읽니?	

다시 한 번 말해보면서 자동발사 되는지 **확인** 해 보세요.

너는 ~하니?

너는 노래하니?	Do you sing?
너는 춤추니?	Do you dance?
너는 맥주를 마시니?	Do you drink beer?
너는 파스타를 좋아하니?	Do you like pasta?
너는 축구를 하니?	Do you play soccer?
너는 TV를 보니?	Do you watch TV?
너는 영어를 말하니?	Do you speak English?
너는 책을 읽니?	Do you read a book?

그들은 ~하니?

그들은 노래하니?	Do they sing?
그들은 춤추니?	Do they dance?
그들은 맥주를 마시니?	Do they drink beer?
그들은 파스타를 좋아하니?	Do they like pasta?
그들은 축구를 하니?	Do they play soccer?
그들은 TV를 보니?	Do they watch TV?
그들은 영어를 말하니?	Do they speak English?
그들은 책을 읽니?	Do they read a book?

따라하며 톡!

영어 문장을 따라하며 에코잉 해 보세요.   MP3를 들으며 메아리처럼 에코잉 해 보세요.

그는 ~하니? Does he ~

그는 노래하니?
노래해 sing

Does he sing?
더즈   히   씽

그는 춤추니?
춤춰 dance

Does he dance?
더즈   히   댄쓰

그는 맥주를 마시니?
맥주를 마셔 drink beer

Does he drink beer?
더즈   히   드륑크   비어

그는 파스타를 좋아하니?
파스타를 좋아해 like pasta

Does he like pasta?
더즈   히   라이크   파스타

그는 컴퓨터를 사용하니?
컴퓨터를 사용해 use a computer

Does he use a computer?
더즈   히   유즈 어   컴퓨러

그는 너를 사랑하니?
너를 사랑해 love you

Does he love you?
더즈   히   러브   유

그는 자동차를 운전하니?
자동차를 운전해 drive a car

Does he drive a car?
더즈   히   드라이브 어   카

그는 편지를 쓰니?
편지를 써 write a letter

Does he write a letter?
더즈   히   라이트 어   레러

영어 문장을 따라하며 에코잉 해 보세요.

그녀는 ~하니?   Does she ~

그녀는 노래하니?
노래해 sing

Does she sing?
더즈 쉬 씽

그녀는 춤추니?
춤춰 dance

Does she dance?
더즈 쉬 댄쓰

그녀는 맥주를 마시니?
맥주를 마셔 drink beer

Does she drink beer?
더즈 쉬 드링크 비어

그녀는 파스타를 좋아하니?
파스타를 좋아해 like pasta

Does she like pasta?
더즈 쉬 라이크 파스타

그녀는 컴퓨터를 사용하니?
컴퓨터를 사용해 use a computer

Does she use a computer?
더즈 쉬 유즈 어 컴퓨러

그녀는 너를 사랑하니?
너를 사랑해 love you

Does she love you?
더즈 쉬 러브 유

그녀는 자동차를 운전하니?
자동차를 운전해 drive a car

Does she drive a car?
더즈 쉬 드라이브 어 카

그녀는 편지를 쓰니?
편지를 써 write a letter

Does she write a letter?
더즈 쉬 라이트 어 레러

자동발사 톡!

우리말만 보고 **자동발사** 해 보세요.

🎧 MP3를 들으며 자동발사가 되는지 확인해 보세요.

그는 ~하니?   Does he ~

그는 노래하니?	📢 Does he sing?
그는 춤추니?	
그는 맥주를 마시니?	
그는 파스타를 좋아하니?	
그는 컴퓨터를 사용하니?	
그는 너를 사랑하니?	
그는 자동차를 운전하니?	
그는 편지를 쓰니?	

그녀는 ~하니?   Does she ~

그녀는 노래하니?	📢 Does she sing?
그녀는 춤추니?	
그녀는 맥주를 마시니?	
그녀는 파스타를 좋아하니?	
그녀는 컴퓨터를 사용하니?	
그녀는 너를 사랑하니?	
그녀는 자동차를 운전하니?	
그녀는 편지를 쓰니?	

다시 한 번 말해보면서 자동발사 되는지 **확인** 해 보세요.

그는 ~하니?

그는 노래하니?	Does he sing?
그는 춤추니?	Does he dance?
그는 맥주를 마시니?	Does he drink beer?
그는 파스타를 좋아하니?	Does he like pasta?
그는 컴퓨터를 사용하니?	Does he use a computer?
그는 너를 사랑하니?	Does he love you?
그는 자동차를 운전하니?	Does he drive a car?
그는 편지를 쓰니?	Does he write a letter?

그녀는 ~하니?

그녀는 노래하니?	Does she sing?
그녀는 춤추니?	Does she dance?
그녀는 맥주를 마시니?	Does she drink beer?
그녀는 파스타를 좋아하니?	Does she like pasta?
그녀는 컴퓨터를 사용하니?	Does she use a computer?
그녀는 너를 사랑하니?	Does she love you?
그녀는 자동차를 운전하니?	Does she drive a car?
그녀는 편지를 쓰니?	Does she write a letter?

DAY 05 | 나는 TV를 봤어.

I watched TV.

나는 ~했어

'나는 TV를 봐'는 I watch TV, '나는 TV를 봤어'는 watch 대신 **watched**를 사용하면 돼요.

I watched TV. 이렇게요.
아이   워취드   티뷔

따라하며 톡!

영어 문장을 따라하며 에코잉 해 보세요. 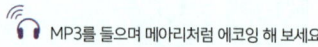 MP3를 들으며 메아리처럼 에코잉 해 보세요.

나는 ~했어   I -ed

나는 춤췄어.　　　　　　　　I danced.
춤춰 dance　　　　　　　　　아이　댄쓰드
> 과거에 일어난 일을 말할 때, d나 ed를 붙여 말해요.

나는 일했어.　　　　　　　　I worked.
일해 work　　　　　　　　　아이　워크트

나는 사탕을 좋아했어.　　　　I liked candy.
사탕을 좋아해 like candy　　 아이 라익트　캔디

나는 테니스를 쳤어.　　　　　I played tennis.
테니스를 쳐 play tennis　　　아이 플레이드　테니스

나는 전화기를 사용했어.　　　I used a phone.
전화기를 사용해 use a phone　아이 유즈드 어　폰

나는 수지를 사랑했어.　　　　I loved 수지.
수지를 사랑해 love 수지　　　아이 러브드　수지

나는 집을 칠했어.　　　　　　I painted a house.
집을 칠해 paint a house　　　아이 페인티드 어　하우스

나는 와인을 마셨어.　　　　　I drank wine.
와인을 마셔 drink wine　　　 아이 드렝크　와인
> '마셨어'는 drink에 ed를 붙이는 게 아니라 drank로 말해요.

영어 문장을 따라하며 에코잉 해 보세요.

| 너는 ~했어 | You -ed |

너는 춤췄어.
춤춰 dance

You danced.
유 댄쓰드

너는 일했어.
일해 work

You worked.
유 월크트

너는 사탕을 좋아했어.
사탕을 좋아해 like candy

You liked candy.
유 라익트 캔디

너는 테니스를 쳤어.
테니스를 쳐 play tennis

You played tennis.
유 플레이드 테니스

너는 전화기를 사용했어.
전화기를 사용해 use a phone

You used a phone.
유 유즈드 어 폰

너는 수지를 사랑했어.
수지를 사랑해 love 수지

You loved 수지.
유 러브드 수지

너는 집을 칠했어.
집을 칠해 paint a house

You painted a house.
유 페인티드 어 하우스

너는 와인을 마셨어.
와인을 마셔 drink wine

You drank wine.
유 드뤵크 와인

DAY 05

우리말만 보고 영어로 **자동발사** 해 보세요.　　　　🎧 MP3를 들으며 자동발사가 되는지 확인해 보세요.

나는 ~했어　　　　I -ed

나는 춤췄어.　　　📢 I danced.
나는 일했어.
나는 사탕을 좋아했어.
나는 테니스를 쳤어.
나는 전화기를 사용했어.
나는 수지를 사랑했어.
나는 집을 칠했어.
나는 와인을 마셨어.

너는 ~했어　　　　You -ed

너는 춤췄어.　　　📢 You danced.
너는 일했어.
너는 사탕을 좋아했어.
너는 테니스를 쳤어.
너는 전화기를 사용했어.
너는 수지를 사랑했어.
너는 집을 칠했어.
너는 와인을 마셨어.

다시 한 번 말해보면서 자동발사 되는지 **확인** 해 보세요.

나는 ~했어

나는 춤췄어.	I danced.
나는 일했어.	I worked.
나는 사탕을 좋아했어.	I liked candy.
나는 테니스를 쳤어.	I played tennis.
나는 전화기를 사용했어.	I used a phone.
나는 수지를 사랑했어.	I loved 수지.
나는 집을 칠했어.	I painted a house.
나는 와인을 마셨어.	I drank wine.

너는 ~했어

너는 춤췄어.	You danced.
너는 일했어.	You worked.
너는 사탕을 좋아했어.	You liked candy.
너는 테니스를 쳤어.	You played tennis.
너는 전화기를 사용했어.	You used a phone.
너는 수지를 사랑했어.	You loved 수지.
너는 집을 칠했어.	You painted a house.
너는 와인을 마셨어.	You drank wine.

따라하며 톡!

영어 문장을 따라하며 에코잉 해 보세요.　　　　　　　MP3를 들으며 메아리처럼 에코잉 해 보세요.

그는 ~했어　　　　　　　He -ed

그는 춤췄어.　　　　　　　**He danced.**
춤춰 dance　　　　　　　히　댄쓰드

그는 일했어.　　　　　　　**He worked.**
일해 work　　　　　　　히　월크트

그는 사탕을 좋아했어.　　　**He liked candy.**
사탕을 좋아해 like candy　　히　라익트　캔디

그는 테니스를 쳤어.　　　　**He played tennis.**
테니스를 쳐 play tennis　　히　플레이드　테니스

그는 상자를 열었어.　　　　**He opened a box.**
상자를 열어 open a box　　히　오픈드　어　박스

그는 탁자를 옮겼어.　　　　**He moved a table.**
탁자를 옮겨 move a table　히　무브드　어　테이블

그는 이메일을 확인했어.　　**He checked e-mail.**
이메일을 확인해 check e-mail　히　쳇트　이메일

그는 점심을 만들었어.　　　**He(made) lunch.**
점심을 만들어 make lunch　히　메이드　런취

> '만들었어'는 make에 d를 붙이는 게 아니라 made라고 말해요.

52　무료 기초영어 강의 · 교재 MP3 제공　|　HackersTalk.co.kr

영어 문장을 따라하며 에코잉 해 보세요.

그녀는 ~했어   She -ed

그녀는 춤췄어.
춤춰 dance

She danced.
쉬   댄쓰드

그녀는 일했어.
일해 work

She worked.
쉬   월크트

그녀는 사탕을 좋아했어.
사탕을 좋아해 like candy

She liked candy.
쉬   라익트   캔디

그녀는 테니스를 쳤어.
테니스를 쳐 play tennis

She played tennis.
쉬   플레이드   테니스

그녀는 상자를 열었어.
상자를 열어 open a box

She opened a box.
쉬   오픈드   어 박스

그녀는 탁자를 옮겼어.
탁자를 옮겨 move a table

She moved a table.
쉬   무브드   어 테이블

그녀는 이메일을 확인했어.
이메일을 확인해 check e-mail

She checked e-mail.
쉬   첵트   이메일

그녀는 점심을 만들었어.
점심을 만들어 make lunch

She made lunch.
쉬   메이드   런치

자동발사 톡!

우리말만 보고 영어로 **자동발사** 해 보세요. 🎧 MP3를 들으며 자동발사가 되는지 확인해 보세요.

그는 ~했어   He -ed

그는 춤췄어.   📢 He danced.

그는 일했어.

그는 사탕을 좋아했어.

그는 테니스를 쳤어.

그는 상자를 열었어.

그는 탁자를 옮겼어.

그는 이메일을 확인했어.

그는 점심을 만들었어.

그녀는 ~했어   She -ed

그녀는 춤췄어.   📢 She danced.

그녀는 일했어.

그녀는 사탕을 좋아했어.

그녀는 테니스를 쳤어.

그녀는 상자를 열었어.

그녀는 탁자를 옮겼어.

그녀는 이메일을 확인했어.

그녀는 점심을 만들었어.

다시 한 번 말해보면서 자동발사 되는지 **확인** 해 보세요.

그는 ~했어

그는 춤췄어.	He danced.
그는 일했어.	He worked.
그는 사탕을 좋아했어.	He liked candy.
그는 테니스를 쳤어.	He played tennis.
그는 상자를 열었어.	He opened a box.
그는 탁자를 옮겼어.	He moved a table.
그는 이메일을 확인했어.	He checked e-mail.
그는 점심을 만들었어.	He made lunch.

그녀는 ~했어

그녀는 춤췄어.	She danced.
그녀는 일했어.	She worked.
그녀는 사탕을 좋아했어.	She liked candy.
그녀는 테니스를 쳤어.	She played tennis.
그녀는 상자를 열었어.	She opened a box.
그녀는 탁자를 옮겼어.	She moved a table.
그녀는 이메일을 확인했어.	She checked e-mail.
그녀는 점심을 만들었어.	She made lunch.

DAY 06 | 나는 TV를 안 봤어.
I didn't watch TV.

나는 ~ 안 했어

> 나는 TV를 안 봤어.

독서 좀 하느라...

간만에 교양 충전!
(TV가 고장난 건 비밀)

'TV를 봐'는 watch TV, '나는 TV를 안 봤어'는 그 앞에 **I didn't**를 붙이면 돼요.

 **I didn't watch TV.** 이렇게요.
아이   디든트   워취   티뷔

따라하며 톡!

영어 문장을 따라하며 에코잉 해 보세요.   🎧 MP3를 들으며 메아리처럼 에코잉 해 보세요.

나는 ~ 안 했어   I didn't ~

나는 안 갔어.   I didn't go.
가 go   아이 디든트 고

나는 안 잤어.   I didn't sleep.
자 sleep   아이 디든트 슬립

나는 영어를 공부 안 했어.   I didn't study English.
영어를 공부해 study English   아이 디든트 스터디 잉글리쉬

나는 버스를 안 탔어.   I didn't take a bus.
버스를 타 take a bus   아이 디든트 테이크 어 버스

나는 방을 청소 안 했어.   I didn't clean a room.
방을 청소해 clean a room   아이 디든트 클린 어 룸

나는 문을 안 닫았어.   I didn't close a door.
문을 닫아 close a door   아이 디든트 클로즈 어 도어

나는 민수를 안 도왔어.   I didn't help 민수.
민수를 도와 help 민수   아이 디든트 헬프 민수

나는 소파를 안 바꿨어.   I didn't change a sofa.
소파를 바꿔 change a sofa   아이 디든트 체인쥐 어 쏘파

영어 문장을 따라하며 에코잉 해 보세요.

너는 ~ 안 했어	You didn't ~

너는 안 갔어.
가 go

You didn't go.
유　　디든트　　고

너는 안 잤어.
자 sleep

You didn't sleep.
유　　디든트　　슬립

너는 영어를 공부 안 했어.
영어를 공부해 study English

You didn't study English.
유　　디든트　　스터디　　잉글리쉬

너는 버스를 안 탔어.
버스를 타 take a bus

You didn't take a bus.
유　　디든트　　테이크 어 버스

너는 방을 청소 안 했어.
방을 청소해 clean a room

You didn't clean a room.
유　　디든트　　클린 어 룸

너는 문을 안 닫았어.
문을 닫아 close a door

You didn't close a door.
유　　디든트　　클로즈 어 도어

너는 민수를 안 도왔어.
민수를 도와 help 민수

You didn't help 민수.
유　　디든트　　헬프　　민수

너는 소파를 안 바꿨어.
소파를 바꿔 change a sofa

You didn't change a sofa.
유　　디든트　　췌인쥐 어 쏘파

우리말만 보고 영어로 **자동발사** 해 보세요.　　🎧 MP3를 들으며 자동발사가 되는지 확인해 보세요.

나는 ~ 안 했어　　　　　　　　　I didn't ~

나는 안 갔어.　　　　　　　　📢 I didn't go.
나는 안 잤어.
나는 영어를 공부 안 했어.
나는 버스를 안 탔어.
나는 방을 청소 안 했어.
나는 문을 안 닫았어.
나는 민수를 안 도왔어.
나는 소파를 안 바꿨어.

너는 ~ 안 했어　　　　　　　　　You didn't ~

너는 안 갔어.　　　　　　　　📢 You didn't go.
너는 안 잤어.
너는 영어를 공부 안 했어.
너는 버스를 안 탔어.
너는 방을 청소 안 했어.
너는 문을 안 닫았어.
너는 민수를 안 도왔어.
너는 소파를 안 바꿨어.

다시 한 번 말해보면서 자동발사 되는지 **확인** 해 보세요.

나는 ~ 안 했어

나는 안 갔어.	I didn't go.
나는 안 잤어.	I didn't sleep.
나는 영어를 공부 안 했어.	I didn't study English.
나는 버스를 안 탔어.	I didn't take a bus.
나는 방을 청소 안 했어.	I didn't clean a room.
나는 문을 안 닫았어.	I didn't close a door.
나는 민수를 안 도왔어.	I didn't help 민수.
나는 소파를 안 바꿨어.	I didn't change a sofa.

너는 ~ 안 했어

너는 안 갔어.	You didn't go.
너는 안 잤어.	You didn't sleep.
너는 영어를 공부 안 했어.	You didn't study English.
너는 버스를 안 탔어.	You didn't take a bus.
너는 방을 청소 안 했어.	You didn't clean a room.
너는 문을 안 닫았어.	You didn't close a door.
너는 민수를 안 도왔어.	You didn't help 민수.
너는 소파를 안 바꿨어.	You didn't change a sofa.

영어 문장을 따라하며 에코잉 해 보세요.　　　MP3를 들으며 메아리처럼 에코잉 해 보세요.

우리는 ~ 안 했어　　We didn't ~

우리는 안 갔어.
가 go

We didn't go.
위　디든트　고

우리는 안 잤어.
자 sleep

We didn't sleep.
위　디든트　슬립

우리는 영어를 공부 안 했어.
영어를 공부해 study English

We didn't study English.
위　디든트　스터디　잉글리쉬

우리는 버스를 안 탔어.
버스를 타 take a bus

We didn't take a bus.
위　디든트　테이크 어　버스

우리는 책을 안 읽었어.
책을 읽어 read a book

We didn't read a book.
위　디든트　뤼드 어　북

우리는 민호를 안 만났어.
민호를 만나 meet 민호

We didn't meet 민호.
위　디든트　미트　민호

우리는 그림을 안 그렸어.
그림을 그려 draw a picture

We didn't draw a picture.
위　디든트　드로우 어　픽쳐

우리는 숙제를 안 끝냈어.
숙제를 끝내 finish homework

We didn't finish homework.
위　디든트　퓌니쉬　홈워크

영어 문장을 따라하며 에코잉 해 보세요.

그는 ~ 안 했어   He didn't ~

그는 안 갔어.
가 go

He didn't go.
히 디든트 고

그는 안 잤어.
자 sleep

He didn't sleep.
히 디든트 슬립

그는 영어를 공부 안 했어.
영어를 공부해 study English

He didn't study English.
히 디든트 스터디 잉글리쉬

그는 버스를 안 탔어.
버스를 타 take a bus

He didn't take a bus.
히 디든트 테이크 어 버스

그는 책을 안 읽었어.
책을 읽어 read a book

He didn't read a book.
히 디든트 뤼드 어 북

그는 민호를 안 만났어.
민호를 만나 meet 민호

He didn't meet 민호.
히 디든트 미트 민호

그는 그림을 안 그렸어.
그림을 그려 draw a picture

He didn't draw a picture.
히 디든트 드로우 어 픽쳐

그는 숙제를 안 끝냈어.
숙제를 끝내 finish homework

He didn't finish homework.
히 디든트 퓌니쉬 홈월크

DAY 06 왕초보 말문트기 1탄

우리말만 보고 영어로 **자동발사** 해 보세요.   MP3를 들으며 자동발사가 되는지 확인해 보세요.

우리는 ~ 안 했어   We didn't ~

우리는 안 갔어.	We didn't go.
우리는 안 잤어.	
우리는 영어를 공부 안 했어.	
우리는 버스를 안 탔어.	
우리는 책을 안 읽었어.	
우리는 민호를 안 만났어.	
우리는 그림을 안 그렸어.	
우리는 숙제를 안 끝냈어.	

그는 ~ 안 했어   He didn't ~

그는 안 갔어.	He didn't go.
그는 안 잤어.	
그는 영어를 공부 안 했어.	
그는 버스를 안 탔어.	
그는 책을 안 읽었어.	
그는 민호를 안 만났어.	
그는 그림을 안 그렸어.	
그는 숙제를 안 끝냈어.	

다시 한 번 말해보면서 자동발사 되는지 **확인** 해 보세요.

우리는 ~ 안 했어

우리는 안 갔어.	We didn't go.
우리는 안 잤어.	We didn't sleep.
우리는 영어를 공부 안 했어.	We didn't study English.
우리는 버스를 안 탔어.	We didn't take a bus.
우리는 책을 안 읽었어.	We didn't read a book.
우리는 민호를 안 만났어.	We didn't meet 민호.
우리는 그림을 안 그렸어.	We didn't draw a picture.
우리는 숙제를 안 끝냈어.	We didn't finish homework.

그는 ~ 안 했어

그는 안 갔어.	He didn't go.
그는 안 잤어.	He didn't sleep.
그는 영어를 공부 안 했어.	He didn't study English.
그는 버스를 안 탔어.	He didn't take a bus.
그는 책을 안 읽었어.	He didn't read a book.
그는 민호를 안 만났어.	He didn't meet 민호.
그는 그림을 안 그렸어.	He didn't draw a picture.
그는 숙제를 안 끝냈어.	He didn't finish homework.

DAY 07 | 너는 TV를 봤니?

Did you watch TV?

너는 ~했니?

> 너는 TV를 봤니?

나~ TV 나왔잖아~

뉴스 행인으로 방송 데뷔!

'TV를 봐'는 watch TV, '너는 TV를 봤니?'는 그 앞에 **Did you**를 붙이면 돼요.

 Did you watch TV? 이렇게요.
디드   유   워취   티뷔

영어 문장을 따라하며 에코잉 해 보세요. 🎧 MP3를 들으며 메아리처럼 에코잉 해 보세요.

너는 ~했니?   Did you ~

너는 갔니?
가 go
Did you go?
디드 유 고

너는 잤니?
자 sleep
Did you sleep?
디드 유 슬립

너는 영어를 공부했니?
영어를 공부해 study English
Did you study English?
디드 유 스터디 잉글리쉬

너는 버스를 탔니?
버스를 타 take a bus
Did you take a bus?
디드 유 테이크 어 버스

너는 방을 청소했니?
방을 청소해 clean a room
Did you clean a room?
디드 유 클린 어 룸

너는 문을 닫았니?
문을 닫아 close a door
Did you close a door?
디드 유 클로즈 어 도어

너는 민수를 도왔니?
민수를 도와 help 민수
Did you help 민수?
디드 유 헬프 민수

너는 소파를 바꿨니?
소파를 바꿔 change a sofa
Did you change a sofa?
디드 유 췌인쥐 어 쏘파

영어 문장을 따라하며 에코잉 해 보세요.

그들은 ~했니?   Did they ~

그들은 갔니?
가 go

Did they go?
디드 데이 고

그들은 잤니?
자 sleep

Did they sleep?
디드 데이 슬립

그들은 영어를 공부했니?
영어를 공부해 study English

Did they study English?
디드 데이 스터디 잉글리쉬

그들은 버스를 탔니?
버스를 타 take a bus

Did they take a bus?
디드 데이 테이크 어 버스

그들은 방을 청소했니?
방을 청소해 clean a room

Did they clean a room?
디드 데이 클린 어 룸

그들은 문을 닫았니?
문을 닫아 close a door

Did they close a door?
디드 데이 클로즈 어 도어

그들은 민수를 도왔니?
민수를 도와 help 민수

Did they help 민수?
디드 데이 헬프 민수

그들은 소파를 바꿨니?
소파를 바꿔 change a sofa

Did they change a sofa?
디드 데이 췌인쥐 어 쏘파

우리말만 보고 영어로 **자동발사** 해 보세요.　　🎧 MP3를 들으며 자동발사가 되는지 확인해 보세요.

너는 ~했니?　　　　　　　　　Did you ~

너는 갔니?	📢 Did you go?
너는 잤니?	
너는 영어를 공부했니?	
너는 버스를 탔니?	
너는 방을 청소했니?	
너는 문을 닫았니?	
너는 민수를 도왔니?	
너는 소파를 바꿨니?	

그들은 ~했니?　　　　　　　　Did they ~

그들은 갔니?	📢 Did they go?
그들은 잤니?	
그들은 영어를 공부했니?	
그들은 버스를 탔니?	
그들은 방을 청소했니?	
그들은 문을 닫았니?	
그들은 민수를 도왔니?	
그들은 소파를 바꿨니?	

다시 한 번 말해보면서 자동발사 되는지 **확인** 해 보세요.

너는 ~했니?

너는 갔니?	Did you go?
너는 잤니?	Did you sleep?
너는 영어를 공부했니?	Did you study English?
너는 버스를 탔니?	Did you take a bus?
너는 방을 청소했니?	Did you clean a room?
너는 문을 닫았니?	Did you close a door?
너는 민수를 도왔니?	Did you help 민수?
너는 소파를 바꿨니?	Did you change a sofa?

그들은 ~했니?

그들은 갔니?	Did they go?
그들은 잤니?	Did they sleep?
그들은 영어를 공부했니?	Did they study English?
그들은 버스를 탔니?	Did they take a bus?
그들은 방을 청소했니?	Did they clean a room?
그들은 문을 닫았니?	Did they close a door?
그들은 민수를 도왔니?	Did they help 민수?
그들은 소파를 바꿨니?	Did they change a sofa?

영어 문장을 따라하며 에코잉 해 보세요. MP3를 들으며 메아리처럼 에코잉 해 보세요.

| 그는 ~했니? | Did he ~ |

그는 갔니?
가 go
Did he go?
디드 히 고

그는 잤니?
자 sleep
Did he sleep?
디드 히 슬립

그는 영어를 공부했니?
영어를 공부해 study English
Did he study English?
디드 히 스터디 잉글리쉬

그는 버스를 탔니?
버스를 타 take a bus
Did he take a bus?
디드 히 테이크 어 버스

그는 책을 읽었니?
책을 읽어 read a book
Did he read a book?
디드 히 뤼드 어 북

그는 민호를 만났니?
민호를 만나 meet 민호
Did he meet 민호?
디드 히 미트 민호

그는 그림을 그렸니?
그림을 그려 draw a picture
Did he draw a picture?
디드 히 드로우 어 픽쳐

그는 숙제를 끝냈니?
숙제를 끝내 finish homework
Did he finish homework?
디드 히 퓌니쉬 홈웕크

영어 문장을 따라하며 에코잉 해 보세요.

| 그녀는 ~했니? | Did she ~ |

그녀는 갔니?
가 go

Did she go?
디드 쉬 고

그녀는 잤니?
자 sleep

Did she sleep?
디드 쉬 슬립

그녀는 영어를 공부했니?
영어를 공부해 study English

Did she study English?
디드 쉬 스터디 잉글리쉬

그녀는 버스를 탔니?
버스를 타 take a bus

Did she take a bus?
디드 쉬 테이크 어 버스

그녀는 책을 읽었니?
책을 읽어 read a book

Did she read a book?
디드 쉬 뤼드 어 북

그녀는 민호를 만났니?
민호를 만나 meet 민호

Did she meet 민호?
디드 쉬 미트 민호

그녀는 그림을 그렸니?
그림을 그려 draw a picture

Did she draw a picture?
디드 쉬 드로우 어 픽쳐

그녀는 숙제를 끝냈니?
숙제를 끝내 finish homework

Did she finish homework?
디드 쉬 퓌니쉬 홈월크

우리말만 보고 영어로 **자동발사** 해 보세요.   MP3를 들으며 자동발사가 되는지 확인해 보세요.

그는 ~했니?   Did he ~

그는 갔니?	Did he go?
그는 잤니?	
그는 영어를 공부했니?	
그는 버스를 탔니?	
그는 책을 읽었니?	
그는 민호를 만났니?	
그는 그림을 그렸니?	
그는 숙제를 끝냈니?	

그녀는 ~했니?   Did she ~

그녀는 갔니?	Did she go?
그녀는 잤니?	
그녀는 영어를 공부했니?	
그녀는 버스를 탔니?	
그녀는 책을 읽었니?	
그녀는 민호를 만났니?	
그녀는 그림을 그렸니?	
그녀는 숙제를 끝냈니?	

다시 한 번 말해보면서 자동발사 되는지 **확인** 해 보세요.

그는 ~했니?

그는 갔니?	Did he go?
그는 잤니?	Did he sleep?
그는 영어를 공부했니?	Did he study English?
그는 버스를 탔니?	Did he take a bus?
그는 책을 읽었니?	Did he read a book?
그는 민호를 만났니?	Did he meet 민호?
그는 그림을 그렸니?	Did he draw a picture?
그는 숙제를 끝냈니?	Did he finish homework?

그녀는 ~했니?

그녀는 갔니?	Did she go?
그녀는 잤니?	Did she sleep?
그녀는 영어를 공부했니?	Did she study English?
그녀는 버스를 탔니?	Did she take a bus?
그녀는 책을 읽었니?	Did she read a book?
그녀는 민호를 만났니?	Did she meet 민호?
그녀는 그림을 그렸니?	Did she draw a picture?
그녀는 숙제를 끝냈니?	Did she finish homework?

DAY 08 | 나는 요리할 거야.

I will cook.

나는 ~할 거야

> 나는 요리할 거야.

라면 스프만 있으면 나도 김셰프

'요리해'는 cook, '나는 요리할 거야'는 그 앞에 **I will**을 붙이면 돼요.

 **I will cook.** 이렇게요.
아이 윌 쿡

영어 문장을 따라하며 에코잉 해 보세요.   🎧 MP3를 들으며 메아리처럼 에코잉 해 보세요.

| 나는 ~할 거야 | I will ~ |
| ~ 안 할 거야 | I won't ~ |

나는 갈 거야.
가 go
I will go.
아이 윌 고

나는 안 갈 거야.
가 go
I won't go.
아이 원트 고

나는 택시를 탈 거야.
택시를 타 take a taxi
I will take a taxi.
아이 윌 테이크 어 택시

나는 택시를 안 탈 거야.
택시를 타 take a taxi
I won't take a taxi.
아이 원트 테이크 어 택시

나는 차를 마실 거야.
차를 마셔 drink tea
I will drink tea.
아이 윌 드링크 티

나는 차를 안 마실 거야.
차를 마셔 drink tea
I won't drink tea.
아이 원트 드링크 티

나는 생선을 먹을 거야.
생선을 먹어 eat fish
I will eat fish.
아이 윌 이트 퓌쉬

나는 생선을 안 먹을 거야.
생선을 먹어 eat fish
I won't eat fish.
아이 원트 이트 퓌쉬

영어 문장을 따라하며 에코잉 해 보세요.

우리는 ~할 거야 / ~ 안 할 거야
We will ~ / We won't ~

우리는 갈 거야.
가 go

We will go.
위 윌 고

우리는 안 갈 거야.
가 go

We won't go.
위 윗트 고

우리는 택시를 탈 거야.
택시를 타 take a taxi

We will take a taxi.
위 윌 테이크 어 택시

우리는 택시를 안 탈 거야.
택시를 타 take a taxi

We won't take a taxi.
위 윗트 테이크 어 택시

우리는 차를 마실 거야.
차를 마셔 drink tea

We will drink tea.
위 윌 드륑크 티

우리는 차를 안 마실 거야.
차를 마셔 drink tea

We won't drink tea.
위 윗트 드륑크 티

우리는 생선을 먹을 거야.
생선을 먹어 eat fish

We will eat fish.
위 윌 이트 퓌쉬

우리는 생선을 안 먹을 거야.
생선을 먹어 eat fish

We won't eat fish.
위 윗트 이트 퓌쉬

우리말만 보고 영어로 **자동발사** 해 보세요.   MP3를 들으며 자동발사가 되는지 확인해 보세요.

나는 ~할 거야, ~ 안 할 거야 — I will ~, I won't ~

나는 갈 거야. I will go.

나는 안 갈 거야.

나는 택시를 탈 거야.

나는 택시를 안 탈 거야.

나는 차를 마실 거야.

나는 차를 안 마실 거야.

나는 생선을 먹을 거야.

나는 생선을 안 먹을 거야.

우리는 ~할 거야, ~ 안 할 거야 — We will ~, We won't ~

우리는 갈 거야. We will go.

우리는 안 갈 거야.

우리는 택시를 탈 거야.

우리는 택시를 안 탈 거야.

우리는 차를 마실 거야.

우리는 차를 안 마실 거야.

우리는 생선을 먹을 거야.

우리는 생선을 안 먹을 거야.

다시 한 번 말해보면서 자동발사 되는지 **확인** 해 보세요.

나는 ~할 거야, ~ 안 할 거야

나는 갈 거야.	I will go.
나는 안 갈 거야.	I won't go.
나는 택시를 탈 거야.	I will take a taxi.
나는 택시를 안 탈 거야.	I won't take a taxi.
나는 차를 마실 거야.	I will drink tea.
나는 차를 안 마실 거야.	I won't drink tea.
나는 생선을 먹을 거야.	I will eat fish.
나는 생선을 안 먹을 거야.	I won't eat fish.

우리는 ~할 거야, ~ 안 할 거야

우리는 갈 거야.	We will go.
우리는 안 갈 거야.	We won't go.
우리는 택시를 탈 거야.	We will take a taxi.
우리는 택시를 안 탈 거야.	We won't take a taxi.
우리는 차를 마실 거야.	We will drink tea.
우리는 차를 안 마실 거야.	We won't drink tea.
우리는 생선을 먹을 거야.	We will eat fish.
우리는 생선을 안 먹을 거야.	We won't eat fish.

영어 문장을 따라하며 에코잉 해 보세요.　　　🎧 MP3를 들으며 메아리처럼 에코잉 해 보세요.

그들은 ~할 거야 / ~ 안 할 거야
They will ~ / They won't ~

그들은 갈 거야.
가 go

They will go.
데이　월　고

그들은 안 갈 거야.
가 go

They won't go.
데이　원트　고

그들은 택시를 탈 거야.
택시를 타 take a taxi

They will take a taxi.
데이　월　테이크 어　택시

그들은 택시를 안 탈 거야.
택시를 타 take a taxi

They won't take a taxi.
데이　원트　테이크 어　택시

그들은 테니스를 칠 거야.
테니스를 쳐 play tennis

They will play tennis.
데이　월　플레이　테니스

그들은 테니스를 안 칠 거야.
테니스를 쳐 play tennis

They won't play tennis.
데이　원트　플레이　테니스

그들은 저녁을 만들 거야.
저녁을 만들어 make dinner

They will make dinner.
데이　월　메이크　디너

그들은 저녁을 안 만들 거야.
저녁을 만들어 make dinner

They won't make dinner.
데이　원트　메이크　디너

영어 문장을 따라하며 에코잉 해 보세요.

| 그는 ~할 거야
~ 안 할 거야 | He will ~
He won't ~ |

그는 갈 거야.
가 go

He will go.
히 윌 고

그는 안 갈 거야.
가 go

He won't go.
히 웡트 고

그는 택시를 탈 거야.
택시를 타 take a taxi

He will take a taxi.
히 윌 테이크 어 택시

그는 택시를 안 탈 거야.
택시를 타 take a taxi

He won't take a taxi.
히 웡트 테이크 어 택시

그는 테니스를 칠 거야.
테니스를 쳐 play tennis

He will play tennis.
히 윌 플레이 테니스

그는 테니스를 안 칠 거야.
테니스를 쳐 play tennis

He won't play tennis.
히 웡트 플레이 테니스

그는 저녁을 만들 거야.
저녁을 만들어 make dinner

He will make dinner.
히 윌 메이크 디너

그는 저녁을 안 만들 거야.
저녁을 만들어 make dinner

He won't make dinner.
히 웡트 메이크 디너

우리말만 보고 영어로 **자동발사** 해 보세요.   🎧 MP3를 들으며 자동발사가 되는지 확인해 보세요.

그들은 ~할 거야, ~ 안 할 거야   They will ~, They won't ~

그들은 갈 거야.	📢 They will go.
그들은 안 갈 거야.	
그들은 택시를 탈 거야.	
그들은 택시를 안 탈 거야.	
그들은 테니스를 칠 거야.	
그들은 테니스를 안 칠 거야.	
그들은 저녁을 만들 거야.	
그들은 저녁을 안 만들 거야.	

그는 ~할 거야, ~ 안 할 거야   He will ~, He won't ~

그는 갈 거야.	📢 He will go.
그는 안 갈 거야.	
그는 택시를 탈 거야.	
그는 택시를 안 탈 거야.	
그는 테니스를 칠 거야.	
그는 테니스를 안 칠 거야.	
그는 저녁을 만들 거야.	
그는 저녁을 안 만들 거야.	

다시 한 번 말해보면서 **자동발사** 되는지 **확인** 해 보세요.

그들은 ~할 거야, ~ 안 할 거야

그들은 갈 거야.	They will go.
그들은 안 갈 거야.	They won't go.
그들은 택시를 탈 거야.	They will take a taxi.
그들은 택시를 안 탈 거야.	They won't take a taxi.
그들은 테니스를 칠 거야.	They will play tennis.
그들은 테니스를 안 칠 거야.	They won't play tennis.
그들은 저녁을 만들 거야.	They will make dinner.
그들은 저녁을 안 만들 거야.	They won't make dinner.

그는 ~할 거야, ~ 안 할 거야

그는 갈 거야.	He will go.
그는 안 갈 거야.	He won't go.
그는 택시를 탈 거야.	He will take a taxi.
그는 택시를 안 탈 거야.	He won't take a taxi.
그는 테니스를 칠 거야.	He will play tennis.
그는 테니스를 안 칠 거야.	He won't play tennis.
그는 저녁을 만들 거야.	He will make dinner.
그는 저녁을 안 만들 거야.	He won't make dinner.

더글라스 선생님의
동영상강의

왕초보영어 탈출
해커스톡

DAY 09 | 너는 요리할 거니?

Will you cook?

너는 ~할 거니?

> 너는 요리할 거니?

> 그럼 난 오늘 외식을...

'요리해'는 cook, '너는 요리할 거니?'는 그 앞에 **Will you**를 붙이면 돼요.

 Will you cook? 이렇게요.
윌 유 쿡

영어 문장을 따라하며 에코잉 해 보세요. MP3를 들으며 메아리처럼 에코잉 해 보세요.

너는 ~할 거니?　　　Will you ~

너는 갈 거니?　　　　　　　Will you go?
가 go　　　　　　　　　　　윌　유　고

너는 머무를 거니?　　　　　Will you stay?
머물러 stay　　　　　　　　윌　유　스테이

너는 택시를 탈 거니?　　　Will you take a taxi?
택시를 타 take a taxi　　　윌　유　테이크 어 택시

너는 게임을 시작할 거니?　Will you start a game?
게임을 시작해 start a game　윌　유　스타트 어 게임

너는 차를 마실 거니?　　　Will you drink tea?
차를 마셔 drink tea　　　　윌　유　드륑크　티

너는 카메라를 가져올 거니?　Will you bring a camera?
카메라를 가져와 bring a camera　윌　유　브륑 어 캐머라

너는 생선을 먹을 거니?　　Will you eat fish?
생선을 먹어 eat fish　　　　윌　유　이트 퓌쉬

너는 선물을 보낼 거니?　　Will you send a gift?
선물을 보내 send a gift　　윌　유　쎈드 어 기프트

영어 문장을 따라하며 **에코잉** 해 보세요.

그들은 ~할 거니? Will they ~

그들은 갈 거니?
가 go

Will they go?
윌   데이   고

그들은 머무를 거니?
머물러 stay

Will they stay?
윌   데이   스테이

그들은 택시를 탈 거니?
택시를 타 take a taxi

Will they take a taxi?
윌   데이   테이크 어 택시

그들은 게임을 시작할 거니?
게임을 시작해 start a game

Will they start a game?
윌   데이   스타트 어   게임

그들은 차를 마실 거니?
차를 마셔 drink tea

Will they drink tea?
윌   데이   드링크   티

그들은 카메라를 가져올 거니?
카메라를 가져와 bring a camera

Will they bring a camera?
윌   데이   브링   어   캐머라

그들은 생선을 먹을 거니?
생선을 먹어 eat fish

Will they eat fish?
윌   데이   이트   퓌쉬

그들은 선물을 보낼 거니?
선물을 보내 send a gift

Will they send a gift?
윌   데이   쎈드   어   기프트

우리말만 보고 영어로 **자동발사** 해 보세요. 🎧 MP3를 들으며 자동발사가 되는지 확인해 보세요.

너는 ~할 거니? Will you ~

너는 갈 거니?	Will you go?
너는 머무를 거니?	
너는 택시를 탈 거니?	
너는 게임을 시작할 거니?	
너는 차를 마실 거니?	
너는 카메라를 가져올 거니?	
너는 생선을 먹을 거니?	
너는 선물을 보낼 거니?	

그들은 ~할 거니? Will they ~

그들은 갈 거니?	Will they go?
그들은 머무를 거니?	
그들은 택시를 탈 거니?	
그들은 게임을 시작할 거니?	
그들은 차를 마실 거니?	
그들은 카메라를 가져올 거니?	
그들은 생선을 먹을 거니?	
그들은 선물을 보낼 거니?	

다시 한 번 말해보면서 **자동발사** 되는지 **확인** 해 보세요.

너는 ~할 거니?

너는 갈 거니?	Will you go?
너는 머무를 거니?	Will you stay?
너는 택시를 탈 거니?	Will you take a taxi?
너는 게임을 시작할 거니?	Will you start a game?
너는 차를 마실 거니?	Will you drink tea?
너는 카메라를 가져올 거니?	Will you bring a camera?
너는 생선을 먹을 거니?	Will you eat fish?
너는 선물을 보낼 거니?	Will you send a gift?

그들은 ~할 거니?

그들은 갈 거니?	Will they go?
그들은 머무를 거니?	Will they stay?
그들은 택시를 탈 거니?	Will they take a taxi?
그들은 게임을 시작할 거니?	Will they start a game?
그들은 차를 마실 거니?	Will they drink tea?
그들은 카메라를 가져올 거니?	Will they bring a camera?
그들은 생선을 먹을 거니?	Will they eat fish?
그들은 선물을 보낼 거니?	Will they send a gift?

따라하며 톡!

영어 문장을 따라하며 에코잉 해 보세요. 🎧 MP3를 들으며 메아리처럼 에코잉 해 보세요.

그는 ~할 거니?   Will he ~

그는 갈 거니?
가 go
Will he go?
월   히   고

그는 머무를 거니?
머물러 stay
Will he stay?
월   히   스테이

그는 택시를 탈 거니?
택시를 타 take a taxi
Will he take a taxi?
월   히   테이크   어   택시

그는 게임을 시작할 거니?
게임을 시작해 start a game
Will he start a game?
월   히   스타트   어   게임

그는 골프를 칠 거니?
골프를 쳐 play golf
Will he play golf?
월   히   플레이   골프

그는 자동차를 바꿀 거니?
자동차를 바꿔 change a car
Will he change a car?
월   히   췌인쥐   어   카

그는 저녁을 만들 거니?
저녁을 만들어 make dinner
Will he make dinner?
월   히   메이크   디너

그는 파이를 구울 거니?
파이를 구워 bake a pie
Will he bake a pie?
월   히   베이크   어   파이

영어 문장을 따라하며 에코잉 해 보세요.

그녀는 ~할 거니?   Will she ~

그녀는 갈 거니?
가 go

Will she go?
윌 쉬 고

그녀는 머무를 거니?
머물러 stay

Will she stay?
윌 쉬 스테이

그녀는 택시를 탈 거니?
택시를 타 take a taxi

Will she take a taxi?
윌 쉬 테이크 어 택시

그녀는 게임을 시작할 거니?
게임을 시작해 start a game

Will she start a game?
윌 쉬 스타트 어 게임

그녀는 골프를 칠 거니?
골프를 쳐 play golf

Will she play golf?
윌 쉬 플레이 골프

그녀는 자동차를 바꿀 거니?
자동차를 바꿔 change a car

Will she change a car?
윌 쉬 췌인쥐 어 카

그녀는 저녁을 만들 거니?
저녁을 만들어 make dinner

Will she make dinner?
윌 쉬 메이크 디너

그녀는 파이를 구울 거니?
파이를 구워 bake a pie

Will she bake a pie?
윌 쉬 베이크 어 파이

우리말만 보고 영어로 **자동발사** 해 보세요.   🎧 MP3를 들으며 자동발사가 되는지 확인해 보세요.

그는 ~할 거니?   Will he ~

그는 갈 거니?	📢 Will he go?
그는 머무를 거니?	
그는 택시를 탈 거니?	
그는 게임을 시작할 거니?	
그는 골프를 칠 거니?	
그는 자동차를 바꿀 거니?	
그는 저녁을 만들 거니?	
그는 파이를 구울 거니?	

그녀는 ~할 거니?   Will she ~

그녀는 갈 거니?	📢 Will she go?
그녀는 머무를 거니?	
그녀는 택시를 탈 거니?	
그녀는 게임을 시작할 거니?	
그녀는 골프를 칠 거니?	
그녀는 자동차를 바꿀 거니?	
그녀는 저녁을 만들 거니?	
그녀는 파이를 구울 거니?	

다시 한 번 말해보면서 자동발사 되는지 **확인** 해 보세요.

그는 ~할 거니?

그는 갈 거니?	Will he go?
그는 머무를 거니?	Will he stay?
그는 택시를 탈 거니?	Will he take a taxi?
그는 게임을 시작할 거니?	Will he start a game?
그는 골프를 칠 거니?	Will he play golf?
그는 자동차를 바꿀 거니?	Will he change a car?
그는 저녁을 만들 거니?	Will he make dinner?
그는 파이를 구울 거니?	Will he bake a pie?

그녀는 ~할 거니?

그녀는 갈 거니?	Will she go?
그녀는 머무를 거니?	Will she stay?
그녀는 택시를 탈 거니?	Will she take a taxi?
그녀는 게임을 시작할 거니?	Will she start a game?
그녀는 골프를 칠 거니?	Will she play golf?
그녀는 자동차를 바꿀 거니?	Will she change a car?
그녀는 저녁을 만들 거니?	Will she make dinner?
그녀는 파이를 구울 거니?	Will she bake a pie?

더글라스 선생님의
동영상강의

DAY 10 | 나는 수영할 수 있어.

I can swim.

나는 ~할 수 있어

> 나는 수영할 수 있어!

튜브와 함께 자신감 폭발!

'수영해'는 swim, '나는 수영할 수 있어'는 그 앞에 **I can**을 붙이면 돼요.

 **I can swim.** 이렇게요.
아이   캔   스윔

따라하며 톡!

영어 문장을 따라하며 에코잉 해 보세요.   MP3를 들으며 메아리처럼 에코잉 해 보세요.

나는 ~할 수 있어   I can ~
~할 수 없어   I can't ~

나는 뛸 수 있어.   I can jump.
뛰어 jump   아이 캔 점프

나는 뛸 수 없어.   I can't jump.
뛰어 jump   아이 캔트 점프

나는 영어를 말할 수 있어.   I can speak English.
영어를 말해 speak English   아이 캔 스피크 잉글리쉬

나는 영어를 말할 수 없어.   I can't speak English.
영어를 말해 speak English   아이 캔트 스피크 잉글리쉬

나는 파이를 구울 수 있어.   I can bake a pie.
파이를 구워 bake a pie   아이 캔 베이크 어 파이

나는 파이를 구울 수 없어.   I can't bake a pie.
파이를 구워 bake a pie   아이 캔트 베이크 어 파이

나는 자동차를 운전할 수 있어.   I can drive a car.
자동차를 운전해 drive a car   아이 캔 드라이브 어 카

나는 자동차를 운전할 수 없어.   I can't drive a car.
자동차를 운전해 drive a car   아이 캔트 드라이브 어 카

영어 문장을 따라하며 에코잉 해 보세요.

너는 ~할 수 있어	You can ~
~할 수 없어	You can't ~

너는 뛸 수 있어.
뛰어 jump

You can jump.
유 캔 점프

너는 뛸 수 없어.
뛰어 jump

You can't jump.
유 캔트 점프

너는 영어를 말할 수 있어.
영어를 말해 speak English

You can speak English.
유 캔 스피크 잉글리쉬

너는 영어를 말할 수 없어.
영어를 말해 speak English

You can't speak English.
유 캔트 스피크 잉글리쉬

너는 파이를 구울 수 있어.
파이를 구워 bake a pie

You can bake a pie.
유 캔 베이크 어 파이

너는 파이를 구울 수 없어.
파이를 구워 bake a pie

You can't bake a pie.
유 캔트 베이크 어 파이

너는 자동차를 운전할 수 있어.
자동차를 운전해 drive a car

You can drive a car.
유 캔 드라이브 어 카

너는 자동차를 운전할 수 없어.
자동차를 운전해 drive a car

You can't drive a car.
유 캔트 드라이브 어 카

우리말만 보고 영어로 **자동발사** 해 보세요. 🎧 MP3를 들으며 자동발사가 되는지 확인해 보세요.

나는 ~할 수 있어, ~할 수 없어   I can ~, I can't ~

나는 뛸 수 있어.	📢 I can jump.
나는 뛸 수 없어.	
나는 영어를 말할 수 있어.	
나는 영어를 말할 수 없어.	
나는 파이를 구울 수 있어.	
나는 파이를 구울 수 없어.	
나는 자동차를 운전할 수 있어.	
나는 자동차를 운전할 수 없어.	

너는 ~할 수 있어, ~할 수 없어   You can ~, You can't ~

너는 뛸 수 있어.	📢 You can jump.
너는 뛸 수 없어.	
너는 영어를 말할 수 있어.	
너는 영어를 말할 수 없어.	
너는 파이를 구울 수 있어.	
너는 파이를 구울 수 없어.	
너는 자동차를 운전할 수 있어.	
너는 자동차를 운전할 수 없어.	

다시 한 번 말해보면서 자동발사 되는지 **확인** 해 보세요.

나는 ~할 수 있어, ~할 수 없어

나는 뛸 수 있어.	I can jump.
나는 뛸 수 없어.	I can't jump.
나는 영어를 말할 수 있어.	I can speak English.
나는 영어를 말할 수 없어.	I can't speak English.
나는 파이를 구울 수 있어.	I can bake a pie.
나는 파이를 구울 수 없어.	I can't bake a pie.
나는 자동차를 운전할 수 있어.	I can drive a car.
나는 자동차를 운전할 수 없어.	I can't drive a car.

너는 ~할 수 있어, ~할 수 없어

너는 뛸 수 있어.	You can jump.
너는 뛸 수 없어.	You can't jump.
너는 영어를 말할 수 있어.	You can speak English.
너는 영어를 말할 수 없어.	You can't speak English.
너는 파이를 구울 수 있어.	You can bake a pie.
너는 파이를 구울 수 없어.	You can't bake a pie.
너는 자동차를 운전할 수 있어.	You can drive a car.
너는 자동차를 운전할 수 없어.	You can't drive a car.

따라하며 톡!

영어 문장을 따라하며 에코잉 해 보세요.

🎧 MP3를 들으며 메아리처럼 에코잉 해 보세요.

| 그들은 ~할 수 있어 | They can ~ |
| ~할 수 없어 | They can't ~ |

그들은 뛸 수 있어.
뛰어 jump

They can jump.
데이   캔   점프

그들은 뛸 수 없어.
뛰어 jump

They can't jump.
데이   캔트   점프

그들은 영어를 말할 수 있어.
영어를 말해 speak English

They can speak English.
데이   캔   스피크   잉글리쉬

그들은 영어를 말할 수 없어.
영어를 말해 speak English

They can't speak English.
데이   캔트   스피크   잉글리쉬

그들은 파스타를 만들 수 있어.
파스타를 만들어 make pasta

They can make pasta.
데이   캔   메이크   파스타

그들은 파스타를 만들 수 없어.
파스타를 만들어 make pasta

They can't make pasta.
데이   캔트   메이크   파스타

그들은 숙제를 끝낼 수 있어.
숙제를 끝내 finish homework

They can finish homework.
데이   캔   퓌니쉬   홈월크

그들은 숙제를 끝낼 수 없어.
숙제를 끝내 finish homework

They can't finish homework.
데이   캔트   퓌니쉬   홈월크

영어 문장을 따라하며 **에코잉** 해 보세요.

> **그녀**는 ~할 수 있어
> ~할 수 없어
>
> She can ~
> She can't ~

그녀는 뛸 수 있어.
뛰어 jump

She can jump.
쉬 캔 점프

그녀는 뛸 수 없어.
뛰어 jump

She can't jump.
쉬 캔트 점프

그녀는 영어를 말할 수 있어.
영어를 말해 speak English

She can speak English.
쉬 캔 스피크 잉글리쉬

그녀는 영어를 말할 수 없어.
영어를 말해 speak English

She can't speak English.
쉬 캔트 스피크 잉글리쉬

그녀는 파스타를 만들 수 있어.
파스타를 만들어 make pasta

She can make pasta.
쉬 캔 메이크 파스타

그녀는 파스타를 만들 수 없어.
파스타를 만들어 make pasta

She can't make pasta.
쉬 캔트 메이크 파스타

그녀는 숙제를 끝낼 수 있어.
숙제를 끝내 finish homework

She can finish homework.
쉬 캔 퓌니쉬 홈월크

그녀는 숙제를 끝낼 수 없어.
숙제를 끝내 finish homework

She can't finish homework.
쉬 캔트 퓌니쉬 홈월크

우리말만 보고 영어로 **자동발사** 해 보세요. 🎧 MP3를 들으며 자동발사가 되는지 확인해 보세요.

그들은 ~할 수 있어, ~할 수 없어 — They can ~, They can't ~

그들은 뛸 수 있어.	📣 They can jump.
그들은 뛸 수 없어.	
그들은 영어를 말할 수 있어.	
그들은 영어를 말할 수 없어.	
그들은 파스타를 만들 수 있어.	
그들은 파스타를 만들 수 없어.	
그들은 숙제를 끝낼 수 있어.	
그들은 숙제를 끝낼 수 없어.	

그녀는 ~할 수 있어, ~할 수 없어 — She can ~, She can't ~

그녀는 뛸 수 있어.	📣 She can jump.
그녀는 뛸 수 없어.	
그녀는 영어를 말할 수 있어.	
그녀는 영어를 말할 수 없어.	
그녀는 파스타를 만들 수 있어.	
그녀는 파스타를 만들 수 없어.	
그녀는 숙제를 끝낼 수 있어.	
그녀는 숙제를 끝낼 수 없어.	

다시 한 번 말해보면서 자동발사 되는지 **확인** 해 보세요.

그들은 ~할 수 있어, ~할 수 없어

그들은 뛸 수 있어.	They can jump.
그들은 뛸 수 없어.	They can't jump.
그들은 영어를 말할 수 있어.	They can speak English.
그들은 영어를 말할 수 없어.	They can't speak English.
그들은 파스타를 만들 수 있어.	They can make pasta.
그들은 파스타를 만들 수 없어.	They can't make pasta.
그들은 숙제를 끝낼 수 있어.	They can finish homework.
그들은 숙제를 끝낼 수 없어.	They can't finish homework.

그녀는 ~할 수 있어, ~할 수 없어

그녀는 뛸 수 있어.	She can jump.
그녀는 뛸 수 없어.	She can't jump.
그녀는 영어를 말할 수 있어.	She can speak English.
그녀는 영어를 말할 수 없어.	She can't speak English.
그녀는 파스타를 만들 수 있어.	She can make pasta.
그녀는 파스타를 만들 수 없어.	She can't make pasta.
그녀는 숙제를 끝낼 수 있어.	She can finish homework.
그녀는 숙제를 끝낼 수 없어.	She can't finish homework.

더글라스 선생님의
동영상강의

왕초보영어 탈출
해커스톡

DAY 11 | 너는 수영할 수 있니?

Can you swim?

너는 ~할 수 있니?

> 너는 수영할 수 있니?

> 저 모자 비싼 거니..?
> 그냥 새로 하나 사자...

'수영해'는 swim, '너는 수영할 수 있니?'는 그 앞에 **Can you**를 붙이면 돼요.

 Can you swim? 이렇게요.
캔 유 스윔

영어 문장을 따라하며 에코잉 해 보세요.   🎧 MP3를 들으며 메아리처럼 에코잉 해 보세요.

너는 ~할 수 있니?   Can you ~

너는 뛸 수 있니?
뛰어 jump

Can you jump?
캔   유   점프

너는 시도할 수 있니?
시도해 try

Can you try?
캔   유   트라이

너는 영어를 말할 수 있니?
영어를 말해 speak English

Can you speak English?
캔   유   스피크   잉글리쉬

너는 내 목소리를 들을 수 있니?
내 목소리를 들어 hear my voice

Can you hear my voice?
캔   유   히얼   마이   보이스

'my'는 '내(=나의)'라는 의미로 쓰여요.

너는 파이를 구울 수 있니?
파이를 구워 bake a pie

Can you bake a pie?
캔   유   베이크   어   파이

너는 농구를 할 수 있니?
농구를 해 play basketball

Can you play basketball?
캔   유   플레이   배스킷볼

너는 벽을 칠할 수 있니?
벽을 칠해 paint a wall

Can you paint a wall?
캔   유   페인트   어   월

너는 샌드위치를 만들 수 있니?
샌드위치를 만들어 make a sandwich

Can you make a sandwich?
캔   유   메이크   어   쌘드위치

영어 문장을 따라하며 에코잉 해 보세요.

그들은 ~할 수 있니?   Can they ~

그들은 뛸 수 있니?
뛰어 jump
Can they jump?
캔 데이 점프

그들은 시도할 수 있니?
시도해 try
Can they try?
캔 데이 트라이

그들은 영어를 말할 수 있니?
영어를 말해 speak English
Can they speak English?
캔 데이 스피크 잉글리쉬

그들은 내 목소리를 들을 수 있니?
내 목소리를 들어 hear my voice
Can they hear my voice?
캔 데이 히얼 마이 보이스

그들은 파이를 구울 수 있니?
파이를 구워 bake a pie
Can they bake a pie?
캔 데이 베이크 어 파이

그들은 농구를 할 수 있니?
농구를 해 play basketball
Can they play basketball?
캔 데이 플레이 배스킷볼

그들은 벽을 칠할 수 있니?
벽을 칠해 paint a wall
Can they paint a wall?
캔 데이 페인트 어 월

그들은 샌드위치를 만들 수 있니?
샌드위치를 만들어 make a sandwich
Can they make a sandwich?
캔 데이 메이크 어 샌드위치

우리말만 보고 영어로 **자동발사** 해 보세요. 🎧 MP3를 들으며 자동발사가 되는지 확인해 보세요.

너는 ~할 수 있니? Can you ~

너는 뛸 수 있니?	📢 Can you jump?
너는 시도할 수 있니?	
너는 영어를 말할 수 있니?	
너는 내 목소리를 들을 수 있니?	
너는 파이를 구울 수 있니?	
너는 농구를 할 수 있니?	
너는 벽을 칠할 수 있니?	
너는 샌드위치를 만들 수 있니?	

그들은 ~할 수 있니? Can they ~

그들은 뛸 수 있니?	📢 Can they jump?
그들은 시도할 수 있니?	
그들은 영어를 말할 수 있니?	
그들은 내 목소리를 들을 수 있니?	
그들은 파이를 구울 수 있니?	
그들은 농구를 할 수 있니?	
그들은 벽을 칠할 수 있니?	
그들은 샌드위치를 만들 수 있니?	

다시 한 번 말해보면서 자동발사 되는지 **확인** 해 보세요.

너는 ~할 수 있니?

너는 뛸 수 있니?	Can you jump?
너는 시도할 수 있니?	Can you try?
너는 영어를 말할 수 있니?	Can you speak English?
너는 내 목소리를 들을 수 있니?	Can you hear my voice?
너는 파이를 구울 수 있니?	Can you bake a pie?
너는 농구를 할 수 있니?	Can you play basketball?
너는 벽을 칠할 수 있니?	Can you paint a wall?
너는 샌드위치를 만들 수 있니?	Can you make a sandwich?

그들은 ~할 수 있니?

그들은 뛸 수 있니?	Can they jump?
그들은 시도할 수 있니?	Can they try?
그들은 영어를 말할 수 있니?	Can they speak English?
그들은 내 목소리를 들을 수 있니?	Can they hear my voice?
그들은 파이를 구울 수 있니?	Can they bake a pie?
그들은 농구를 할 수 있니?	Can they play basketball?
그들은 벽을 칠할 수 있니?	Can they paint a wall?
그들은 샌드위치를 만들 수 있니?	Can they make a sandwich?

영어 문장을 따라하며 에코잉 해 보세요. MP3를 들으며 메아리처럼 에코잉 해 보세요.

그는 ~할 수 있니?   Can he ~

그는 뛸 수 있니?
뛰어 jump
Can he jump?
캔 히 점프

그는 시도할 수 있니?
시도해 try
Can he try?
캔 히 트라이

그는 영어를 말할 수 있니?
영어를 말해 speak English
Can he speak English?
캔 히 스피크 잉글리쉬

그는 내 목소리를 들을 수 있니?
내 목소리를 들어 hear my voice
Can he hear my voice?
캔 히 히얼 마이 보이스

그는 그림을 그릴 수 있니?
그림을 그려 draw a picture
Can he draw a picture?
캔 히 드로우 어 픽쳐

그는 소파를 옮길 수 있니?
소파를 옮겨 move a sofa
Can he move a sofa?
캔 히 무브 어 쏘파

그는 숙제를 끝낼 수 있니?
숙제를 끝내 finish homework
Can he finish homework?
캔 히 퓌니쉬 홈월크

그는 트럭을 운전할 수 있니?
트럭을 운전해 drive a truck
Can he drive a truck?
캔 히 드라이브 어 트럭

영어 문장을 따라하며 에코잉 해 보세요.

그녀는 ~할 수 있니?   Can she ~

그녀는 뛸 수 있니?
뛰어 jump

Can she jump?
캔   쉬   점프

그녀는 시도할 수 있니?
시도해 try

Can she try?
캔   쉬   트라이

그녀는 영어를 말할 수 있니?
영어를 말해 speak English

Can she speak English?
캔   쉬   스피크   잉글리쉬

그녀는 내 목소리를 들을 수 있니?
내 목소리를 들어 hear my voice

Can she hear my voice?
캔   쉬   히얼   마이   보이스

그녀는 그림을 그릴 수 있니?
그림을 그려 draw a picture

Can she draw a picture?
캔   쉬   드로우   어   픽쳐

그녀는 소파를 옮길 수 있니?
소파를 옮겨 move a sofa

Can she move a sofa?
캔   쉬   무브   어   쏘파

그녀는 숙제를 끝낼 수 있니?
숙제를 끝내 finish homework

Can she finish homework?
캔   쉬   퓌니쉬   홈월크

그녀는 트럭을 운전할 수 있니?
트럭을 운전해 drive a truck

Can she drive a truck?
캔   쉬   드라이브   어   트럭

DAY 11 왕초보 말문트기 1탄

우리말만 보고 영어로 **자동발사** 해 보세요.　　MP3를 들으며 자동발사가 되는지 확인해 보세요.

그는 ~할 수 있니?　　　　　　Can he ~

그는 뛸 수 있니?	Can he jump?
그는 시도할 수 있니?	
그는 영어를 말할 수 있니?	
그는 내 목소리를 들을 수 있니?	
그는 그림을 그릴 수 있니?	
그는 소파를 옮길 수 있니?	
그는 숙제를 끝낼 수 있니?	
그는 트럭을 운전할 수 있니?	

그녀는 ~할 수 있니?　　　　　　Can she ~

그녀는 뛸 수 있니?	Can she jump?
그녀는 시도할 수 있니?	
그녀는 영어를 말할 수 있니?	
그녀는 내 목소리를 들을 수 있니?	
그녀는 그림을 그릴 수 있니?	
그녀는 소파를 옮길 수 있니?	
그녀는 숙제를 끝낼 수 있니?	
그녀는 트럭을 운전할 수 있니?	

다시 한 번 말해보면서 자동발사 되는지 **확인** 해 보세요.

그는 ~할 수 있니?

그는 뛸 수 있니?	Can he jump?
그는 시도할 수 있니?	Can he try?
그는 영어를 말할 수 있니?	Can he speak English?
그는 내 목소리를 들을 수 있니?	Can he hear my voice?
그는 그림을 그릴 수 있니?	Can he draw a picture?
그는 소파를 옮길 수 있니?	Can he move a sofa?
그는 숙제를 끝낼 수 있니?	Can he finish homework?
그는 트럭을 운전할 수 있니?	Can he drive a truck?

그녀는 ~할 수 있니?

그녀는 뛸 수 있니?	Can she jump?
그녀는 시도할 수 있니?	Can she try?
그녀는 영어를 말할 수 있니?	Can she speak English?
그녀는 내 목소리를 들을 수 있니?	Can she hear my voice?
그녀는 그림을 그릴 수 있니?	Can she draw a picture?
그녀는 소파를 옮길 수 있니?	Can she move a sofa?
그녀는 숙제를 끝낼 수 있니?	Can she finish homework?
그녀는 트럭을 운전할 수 있니?	Can she drive a truck?

DAY 12 | 나는 가야 해.
I should go.

나는 ~해야 해

'가'는 go, '나는 가야 해'는 그 앞에 **I should**를 붙이면 돼요.

I should go. 이렇게요.
아이 슈드 고

영어 문장을 따라하며 에코잉 해 보세요. 🎧 MP3를 들으며 메아리처럼 에코잉 해 보세요.

| 나는 ~해야 해 ~하면 안 돼 | I should ~ I shouldn't ~ |

나는 기다려야 해.
기다려 wait

I should wait.
아이   슈드   웨이트

나는 기다리면 안 돼.
기다려 wait

I shouldn't wait.
아이   슈든트   웨이트

나는 영화를 봐야 해.
영화를 봐 watch a movie

I should watch a movie.
아이   슈드   워취   어   무비

나는 영화를 보면 안 돼.
영화를 봐 watch a movie

I shouldn't watch a movie.
아이   슈든트   워취   어   무비

나는 펜을 사용해야 해.
펜을 사용해 use a pen

I should use a pen.
아이   슈드   유즈 어   펜

나는 펜을 사용하면 안 돼.
펜을 사용해 use a pen

I shouldn't use a pen.
아이   슈든트   유즈 어   펜

나는 창문을 닫아야 해.
창문을 닫아 close a window

I should close a window.
아이   슈드   클로즈   어   윈도우

나는 창문을 닫으면 안 돼.
창문을 닫아 close a window

I shouldn't close a window.
아이   슈든트   클로즈   어   윈도우

영어 문장을 따라하며 에코잉 해 보세요.

우리는 ~해야 해 ~하면 안 돼	**We should ~** **We shouldn't ~**

우리는 기다려야 해.
기다려 wait

We should wait.
위 슈드 웨이트

우리는 기다리면 안 돼.
기다려 wait

We shouldn't wait.
위 슈든트 웨이트

우리는 영화를 봐야 해.
영화를 봐 watch a movie

We should watch a movie.
위 슈드 워취 어 무비

우리는 영화를 보면 안 돼.
영화를 봐 watch a movie

We shouldn't watch a movie.
위 슈든트 워취 어 무비

우리는 펜을 사용해야 해.
펜을 사용해 use a pen

We should use a pen.
위 슈드 유즈 어 펜

우리는 펜을 사용하면 안 돼.
펜을 사용해 use a pen

We shouldn't use a pen.
위 슈든트 유즈 어 펜

우리는 창문을 닫아야 해.
창문을 닫아 close a window

We should close a window.
위 슈드 클로즈 어 윈도우

우리는 창문을 닫으면 안 돼.
창문을 닫아 close a window

We shouldn't close a window.
위 슈든트 클로즈 어 윈도우

우리말만 보고 영어로 **자동발사** 해 보세요.

🎧 MP3를 들으며 자동발사가 되는지 확인해 보세요.

나는 ~해야 해, ~하면 안 돼   I should ~, I shouldn't ~

나는 기다려야 해.	📢 I should wait.
나는 기다리면 안 돼.	
나는 영화를 봐야 해.	
나는 영화를 보면 안 돼.	
나는 펜을 사용해야 해.	
나는 펜을 사용하면 안 돼.	
나는 창문을 닫아야 해.	
나는 창문을 닫으면 안 돼.	

우리는 ~해야 해, ~하면 안 돼   We should ~, We shouldn't ~

우리는 기다려야 해.	📢 We should wait.
우리는 기다리면 안 돼.	
우리는 영화를 봐야 해.	
우리는 영화를 보면 안 돼.	
우리는 펜을 사용해야 해.	
우리는 펜을 사용하면 안 돼.	
우리는 창문을 닫아야 해.	
우리는 창문을 닫으면 안 돼.	

다시 한 번 말해보면서 자동발사 되는지 **확인** 해 보세요.

나는 ~해야 해, ~하면 안 돼

나는 기다려야 해.	I should wait.
나는 기다리면 안 돼.	I shouldn't wait.
나는 영화를 봐야 해.	I should watch a movie.
나는 영화를 보면 안 돼.	I shouldn't watch a movie.
나는 펜을 사용해야 해.	I should use a pen.
나는 펜을 사용하면 안 돼.	I shouldn't use a pen.
나는 창문을 닫아야 해.	I should close a window.
나는 창문을 닫으면 안 돼.	I shouldn't close a window.

우리는 ~해야 해, ~하면 안 돼

우리는 기다려야 해.	We should wait.
우리는 기다리면 안 돼.	We shouldn't wait.
우리는 영화를 봐야 해.	We should watch a movie.
우리는 영화를 보면 안 돼.	We shouldn't watch a movie.
우리는 펜을 사용해야 해.	We should use a pen.
우리는 펜을 사용하면 안 돼.	We shouldn't use a pen.
우리는 창문을 닫아야 해.	We should close a window.
우리는 창문을 닫으면 안 돼.	We shouldn't close a window.

따라하며 톡!

영어 문장을 따라하며 에코잉 해 보세요. 🎧 MP3를 들으며 메아리처럼 에코잉 해 보세요.

| 그들은 ~해야 해 | They should ~ |
| ~하면 안 돼 | They shouldn't ~ |

그들은 기다려야 해.
기다려 wait

They should wait.
데이   슈드   웨이트

그들은 기다리면 안 돼.
기다려 wait

They shouldn't wait.
데이   슈든트   웨이트

그들은 영화를 봐야 해.
영화를 봐 watch a movie

They should watch a movie.
데이   슈드   워취   어   무비

그들은 영화를 보면 안 돼.
영화를 봐 watch a movie

They shouldn't watch a movie.
데이   슈든트   워취   어   무비

그들은 집을 사야 해.
집을 사 buy a house

They should buy a house.
데이   슈드   바이   어   하우스

그들은 집을 사면 안 돼.
집을 사 buy a house

They shouldn't buy a house.
데이   슈든트   바이   어   하우스

그들은 음식을 가져와야 해.
음식을 가져와 bring food

They should bring food.
데이   슈드   브링   푸드

그들은 음식을 가져오면 안 돼.
음식을 가져와 bring food

They shouldn't bring food.
데이   슈든트   브링   푸드

영어 문장을 따라하며 에코잉 해 보세요.

그녀는 ~해야 해
~하면 안 돼

She should ~
She shouldn't ~

그녀는 기다려야 해.
기다려 wait

She should wait.
쉬   슈드   웨이트

그녀는 기다리면 안 돼.
기다려 wait

She shouldn't wait.
쉬   슈든트   웨이트

그녀는 영화를 봐야 해.
영화를 봐 watch a movie

She should watch a movie.
쉬   슈드   워취   어   무비

그녀는 영화를 보면 안 돼.
영화를 봐 watch a movie

She shouldn't watch a movie.
쉬   슈든트   워취   어   무비

그녀는 집을 사야 해.
집을 사 buy a house

She should buy a house.
쉬   슈드   바이   어   하우스

그녀는 집을 사면 안 돼.
집을 사 buy a house

She shouldn't buy a house.
쉬   슈든트   바이   어   하우스

그녀는 음식을 가져와야 해.
음식을 가져와 bring food

She should bring food.
쉬   슈드   브링   푸드

그녀는 음식을 가져오면 안 돼.
음식을 가져와 bring food

She shouldn't bring food.
쉬   슈든트   브링   푸드

자동발사 톡!

우리말만 보고 영어로 **자동발사** 해 보세요.　🎧 MP3를 들으며 자동발사가 되는지 확인해 보세요.

그들은 ~해야 해, ~하면 안 돼　　They should ~, They shouldn't ~

그들은 기다려야 해.	📢 They should wait.
그들은 기다리면 안 돼.	
그들은 영화를 봐야 해.	
그들은 영화를 보면 안 돼.	
그들은 집을 사야 해.	
그들은 집을 사면 안 돼.	
그들은 음식을 가져와야 해.	
그들은 음식을 가져오면 안 돼.	

그녀는 ~해야 해, ~하면 안 돼　　She should ~, She shouldn't ~

그녀는 기다려야 해.	📢 She should wait.
그녀는 기다리면 안 돼.	
그녀는 영화를 봐야 해.	
그녀는 영화를 보면 안 돼.	
그녀는 집을 사야 해.	
그녀는 집을 사면 안 돼.	
그녀는 음식을 가져와야 해.	
그녀는 음식을 가져오면 안 돼.	

다시 한 번 말해보면서 자동발사 되는지 **확인** 해 보세요.

그들은 ~해야 해, ~하면 안 돼

그들은 기다려야 해.	They should wait.
그들은 기다리면 안 돼.	They shouldn't wait.
그들은 영화를 봐야 해.	They should watch a movie.
그들은 영화를 보면 안 돼.	They shouldn't watch a movie.
그들은 집을 사야 해.	They should buy a house.
그들은 집을 사면 안 돼.	They shouldn't buy a house.
그들은 음식을 가져와야 해.	They should bring food.
그들은 음식을 가져오면 안 돼.	They shouldn't bring food.

그녀는 ~해야 해, ~하면 안 돼

그녀는 기다려야 해.	She should wait.
그녀는 기다리면 안 돼.	She shouldn't wait.
그녀는 영화를 봐야 해.	She should watch a movie.
그녀는 영화를 보면 안 돼.	She shouldn't watch a movie.
그녀는 집을 사야 해.	She should buy a house.
그녀는 집을 사면 안 돼.	She shouldn't buy a house.
그녀는 음식을 가져와야 해.	She should bring food.
그녀는 음식을 가져오면 안 돼.	She shouldn't bring food.

더글라스 선생님의 동영상강의

DAY 13 | 나는 가야 하니?

Should I go?

나는 ~해야 하니?

> 나는 가야 하니?

좋지 이대리?
허허허허허

황금 같은 주말에 부장님과의 등산...

'가'는 go, '나는 가야 하니?'는 그 앞에 **Should I**를 붙이면 돼요.

 **Should I go?** 이렇게요.
슈드 아이 고

따라하며 톡!

영어 문장을 따라하며 에코잉 해 보세요.   MP3를 들으며 메아리처럼 에코잉 해 보세요.

나는 ~해야 하니?   Should I ~

나는 기다려야 하니?   **Should I wait?**
기다려 wait   슈드   아이 웨이트

나는 떠나야 하니?   **Should I leave?**
떠나 leave   슈드   아이 리브

나는 욕실을 청소해야 하니?   **Should I clean a bathroom?**
욕실을 청소해 clean a bathroom   슈드   아이 클린 어   배쓰룸

나는 코트를 입어야 하니?   **Should I wear a coat?**
코트를 입어 wear a coat   슈드   아이 웨얼 어   코트

나는 지우를 도와야 하니?   **Should I help 지우?**
지우를 도와 help 지우   슈드   아이 헬프   지우

나는 편지를 보내야 하니?   **Should I send a letter?**
편지를 보내 send a letter   슈드   아이 쎈드 어   레러

나는 쿠키를 구워야 하니?   **Should I bake a cookie?**
쿠키를 구워 bake a cookie   슈드   아이 베이크 어   쿠키

나는 숙제를 끝내야 하니?   **Should I finish homework?**
숙제를 끝내 finish homework   슈드   아이 퓌니쉬 홈월크

영어 문장을 따라하며 에코잉 해 보세요.

우리는 ~해야 하니?　　Should we ~

우리는 기다려야 하니?　　**Should we wait?**
기다려 wait　　　　　　　　슈드　위　웨이트

우리는 떠나야 하니?　　**Should we leave?**
떠나 leave　　　　　　　　슈드　위　리브

우리는 욕실을 청소해야 하니?　　**Should we clean a bathroom?**
욕실을 청소해 clean a bathroom　　슈드　위　클린　어　배쓰룸

우리는 코트를 입어야 하니?　　**Should we wear a coat?**
코트를 입어 wear a coat　　　　슈드　위　웨얼　어　코트

우리는 지우를 도와야 하니?　　**Should we help 지우?**
지우를 도와 help 지우　　　　슈드　위　헬프　지우

우리는 편지를 보내야 하니?　　**Should we send a letter?**
편지를 보내 send a letter　　슈드　위　쎈드　어　레러

우리는 쿠키를 구워야 하니?　　**Should we bake a cookie?**
쿠키를 구워 bake a cookie　　슈드　위　베이크　어　쿠키

우리는 숙제를 끝내야 하니?　　**Should we finish homework?**
숙제를 끝내 finish homework　　슈드　위　퓌니쉬　홈월크

DAY 13 왕초보 입문토키 1탄

우리말만 보고 영어로 **자동발사** 해 보세요.   🎧 MP3를 들으며 자동발사가 되는지 확인해 보세요.

나는 ~해야 하니?   Should I ~

나는 기다려야 하니?	📢 Should I wait?
나는 떠나야 하니?	
나는 욕실을 청소해야 하니?	
나는 코트를 입어야 하니?	
나는 지우를 도와야 하니?	
나는 편지를 보내야 하니?	
나는 쿠키를 구워야 하니?	
나는 숙제를 끝내야 하니?	

우리는 ~해야 하니?   Should we ~

우리는 기다려야 하니?	📢 Should we wait?
우리는 떠나야 하니?	
우리는 욕실을 청소해야 하니?	
우리는 코트를 입어야 하니?	
우리는 지우를 도와야 하니?	
우리는 편지를 보내야 하니?	
우리는 쿠키를 구워야 하니?	
우리는 숙제를 끝내야 하니?	

다시 한 번 말해보면서 자동발사 되는지 **확인** 해 보세요.

나는 ~해야 하니?

나는 기다려야 하니?	Should I wait?
나는 떠나야 하니?	Should I leave?
나는 욕실을 청소해야 하니?	Should I clean a bathroom?
나는 코트를 입어야 하니?	Should I wear a coat?
나는 지우를 도와야 하니?	Should I help 지우?
나는 편지를 보내야 하니?	Should I send a letter?
나는 쿠키를 구워야 하니?	Should I bake a cookie?
나는 숙제를 끝내야 하니?	Should I finish homework?

우리는 ~해야 하니?

우리는 기다려야 하니?	Should we wait?
우리는 떠나야 하니?	Should we leave?
우리는 욕실을 청소해야 하니?	Should we clean a bathroom?
우리는 코트를 입어야 하니?	Should we wear a coat?
우리는 지우를 도와야 하니?	Should we help 지우?
우리는 편지를 보내야 하니?	Should we send a letter?
우리는 쿠키를 구워야 하니?	Should we bake a cookie?
우리는 숙제를 끝내야 하니?	Should we finish homework?

영어 문장을 따라하며 에코잉 해 보세요. MP3를 들으며 메아리처럼 에코잉 해 보세요.

그들은 ~해야 하니?   Should they ~

그들은 기다려야 하니?
기다려 wait
Should they wait?
슈드   데이   웨이트

그들은 떠나야 하니?
떠나 leave
Should they leave?
슈드   데이   리브

그들은 욕실을 청소해야 하니?
욕실을 청소해 clean a bathroom
Should they clean a bathroom?
슈드   데이   클린   어   배쓰룸

그들은 코트를 입어야 하니?
코트를 입어 wear a coat
Should they wear a coat?
슈드   데이   웨얼   어   코트

그들은 의자를 칠해야 하니?
의자를 칠해 paint a chair
Should they paint a chair?
슈드   데이   페인트   어   췌어

그들은 기차를 타야 하니?
기차를 타 take a train
Should they take a train?
슈드   데이   테이크   어   트레인

그들은 경주를 시작해야 하니?
경주를 시작해 start a race
Should they start a race?
슈드   데이   스타트   어   뤠이스

그들은 리포트를 써야 하니?
리포트를 써 write a report
Should they write a report?
슈드   데이   롸이트   어   뤼포트

영어 문장을 따라하며 에코잉 해 보세요.

그는 ~해야 하니?   Should he ~

그는 기다려야 하니?
기다려 wait

Should he wait?
슈드   히   웨이트

그는 떠나야 하니?
떠나 leave

Should he leave?
슈드   히   리브

그는 욕실을 청소해야 하니?
욕실을 청소해 clean a bathroom

Should he clean a bathroom?
슈드   히   클린   어   배쓰룸

그는 코트를 입어야 하니?
코트를 입어 wear a coat

Should he wear a coat?
슈드   히   웨얼   어   코트

그는 의자를 칠해야 하니?
의자를 칠해 paint a chair

Should he paint a chair?
슈드   히   페인트   어   췌어

그는 기차를 타야 하니?
기차를 타 take a train

Should he take a train?
슈드   히   테이크   어   트레인

그는 경주를 시작해야 하니?
경주를 시작해 start a race

Should he start a race?
슈드   히   스타트   어   뤠이스

그는 리포트를 써야 하니?
리포트를 써 write a report

Should he write a report?
슈드   히   롸이트   어   뤼포트

우리말만 보고 영어로 **자동발사** 해 보세요.   MP3를 들으며 자동발사가 되는지 확인해 보세요.

그들은 ~해야 하니? Should they ~

그들은 기다려야 하니?	Should they wait?
그들은 떠나야 하니?	
그들은 욕실을 청소해야 하니?	
그들은 코트를 입어야 하니?	
그들은 의자를 칠해야 하니?	
그들은 기차를 타야 하니?	
그들은 경주를 시작해야 하니?	
그들은 리포트를 써야 하니?	

그는 ~해야 하니? Should he ~

그는 기다려야 하니?	Should he wait?
그는 떠나야 하니?	
그는 욕실을 청소해야 하니?	
그는 코트를 입어야 하니?	
그는 의자를 칠해야 하니?	
그는 기차를 타야 하니?	
그는 경주를 시작해야 하니?	
그는 리포트를 써야 하니?	

다시 한 번 말해보면서 자동발사 되는지 **확인** 해 보세요.

그들은 ~해야 하니?

그들은 기다려야 하니?	Should they wait?
그들은 떠나야 하니?	Should they leave?
그들은 욕실을 청소해야 하니?	Should they clean a bathroom?
그들은 코트를 입어야 하니?	Should they wear a coat?
그들은 의자를 칠해야 하니?	Should they paint a chair?
그들은 기차를 타야 하니?	Should they take a train?
그들은 경주를 시작해야 하니?	Should they start a race?
그들은 리포트를 써야 하니?	Should they write a report?

그는 ~해야 하니?

그는 기다려야 하니?	Should he wait?
그는 떠나야 하니?	Should he leave?
그는 욕실을 청소해야 하니?	Should he clean a bathroom?
그는 코트를 입어야 하니?	Should he wear a coat?
그는 의자를 칠해야 하니?	Should he paint a chair?
그는 기차를 타야 하니?	Should he take a train?
그는 경주를 시작해야 하니?	Should he start a race?
그는 리포트를 써야 하니?	Should he write a report?

DAY 14

나는 갈지도 몰라.
I might go.

나는 ~할지도 몰라

> 나는 갈지도 몰라.

로또 되면 하와이로 갈 거라는 우리 누나.

'가'는 go, '나는 갈지도 몰라'는 그 앞에 **I might**를 붙이면 돼요.

I might go. 이렇게요.
아이   마이트   고

따라하며 톡!

영어 문장을 따라하며 에코잉 해 보세요.　　　🎧 MP3를 들으며 메아리처럼 에코잉 해 보세요.

나는 ~할지도 몰라 ~ 안 할지도 몰라	I might ~ I might not ~

나는 여행할지도 몰라.
 여행해 travel
I might travel.
 아이　마이트　트뤠블

나는 여행 안 할지도 몰라.
 여행해 travel
I might not travel.
 아이　마이트　낫　트뤠블

나는 샐러드를 먹을지도 몰라.
 샐러드를 먹어 eat salad
I might eat salad.
 아이　마이트　이트　쌜러드

나는 샐러드를 안 먹을지도 몰라.
 샐러드를 먹어 eat salad
I might not eat salad.
 아이　마이트　낫　이트　쌜러드

나는 자동차를 살지도 몰라.
 자동차를 사 buy a car
I might buy a car.
 아이　마이트　바이　어　카

나는 자동차를 안 살지도 몰라.
 자동차를 사 buy a car
I might not buy a car.
 아이　마이트　낫　바이　어　카

나는 부산을 방문할지도 몰라.
 부산을 방문해 visit 부산
I might visit 부산.
 아이　마이트　뷔지트　부산

나는 부산을 방문 안 할지도 몰라.
 부산을 방문해 visit 부산
I might not visit 부산.
 아이　마이트　낫　뷔지트　부산

영어 문장을 따라하며 **에코잉** 해 보세요.

우리는 ~할지도 몰라 **We might ~**
   ~ 안 할지도 몰라 **We might not ~**

우리는 여행할지도 몰라.
여행해 travel
We might travel.
위   마이트   트레블

우리는 여행 안 할지도 몰라.
여행해 travel
We might not travel.
위   마이트   낫   트레블

우리는 샐러드를 먹을지도 몰라.
샐러드를 먹어 eat salad
We might eat salad.
위   마이트   이트   쌜러드

우리는 샐러드를 안 먹을지도 몰라.
샐러드를 먹어 eat salad
We might not eat salad.
위   마이트   낫   이트   쌜러드

우리는 자동차를 살지도 몰라.
자동차를 사 buy a car
We might buy a car.
위   마이트   바이 어 카

우리는 자동차를 안 살지도 몰라.
자동차를 사 buy a car
We might not buy a car.
위   마이트   낫   바이 어 카

우리는 부산을 방문할지도 몰라.
부산을 방문해 visit 부산
We might visit 부산.
위   마이트   뷔지트   부산

우리는 부산을 방문 안 할지도 몰라.
부산을 방문해 visit 부산
We might not visit 부산.
위   마이트   낫   뷔지트   부산

우리말만 보고 영어로 **자동발사** 해 보세요. 🎧 MP3를 들으며 자동발사가 되는지 확인해 보세요.

나는 ~할지도 몰라, ~ 안 할지도 몰라 — I might ~, I might not ~

나는 여행할지도 몰라. — 📣 I might travel.
나는 여행 안 할지도 몰라.
나는 샐러드를 먹을지도 몰라.
나는 샐러드를 안 먹을지도 몰라.
나는 자동차를 살지도 몰라.
나는 자동차를 안 살지도 몰라.
나는 부산을 방문할지도 몰라.
나는 부산을 방문 안 할지도 몰라.

우리는 ~할지도 몰라, ~ 안 할지도 몰라 — We might ~, We might not ~

우리는 여행할지도 몰라. — 📣 We might travel.
우리는 여행 안 할지도 몰라.
우리는 샐러드를 먹을지도 몰라.
우리는 샐러드를 안 먹을지도 몰라.
우리는 자동차를 살지도 몰라.
우리는 자동차를 안 살지도 몰라.
우리는 부산을 방문할지도 몰라.
우리는 부산을 방문 안 할지도 몰라.

다시 한 번 말해보면서 자동발사 되는지 **확인** 해 보세요.

나는 ~할지도 몰라, ~ 안 할지도 몰라

나는 여행할지도 몰라.	I might travel.
나는 여행 안 할지도 몰라.	I might not travel.
나는 샐러드를 먹을지도 몰라.	I might eat salad.
나는 샐러드를 안 먹을지도 몰라.	I might not eat salad.
나는 자동차를 살지도 몰라.	I might buy a car.
나는 자동차를 안 살지도 몰라.	I might not buy a car.
나는 부산을 방문할지도 몰라.	I might visit 부산.
나는 부산을 방문 안 할지도 몰라.	I might not visit 부산.

우리는 ~할지도 몰라, ~ 안 할지도 몰라

우리는 여행할지도 몰라.	We might travel.
우리는 여행 안 할지도 몰라.	We might not travel.
우리는 샐러드를 먹을지도 몰라.	We might eat salad.
우리는 샐러드를 안 먹을지도 몰라.	We might not eat salad.
우리는 자동차를 살지도 몰라.	We might buy a car.
우리는 자동차를 안 살지도 몰라.	We might not buy a car.
우리는 부산을 방문할지도 몰라.	We might visit 부산.
우리는 부산을 방문 안 할지도 몰라.	We might not visit 부산.

영어 문장을 따라하며 에코잉 해 보세요. MP3를 들으며 메아리처럼 에코잉 해 보세요.

| 그는 ~할지도 몰라 | He might ~ |
| ~ 안 할지도 몰라 | He might not ~ |

그는 여행할지도 몰라.
여행해 travel

He might travel.
히   마이트   트뤠블

그는 여행 안 할지도 몰라.
여행해 travel

He might not travel.
히   마이트   낫   트뤠블

그는 샐러드를 먹을지도 몰라.
샐러드를 먹어 eat salad

He might eat salad.
히   마이트   이트   쌜러드

그는 샐러드를 안 먹을지도 몰라.
샐러드를 먹어 eat salad

He might not eat salad.
히   마이트   낫   이트   쌜러드

그는 시간이 필요할지도 몰라.
시간이 필요해 need time

He might need time.
히   마이트   니드   타임

그는 시간이 안 필요할지도 몰라.
시간이 필요해 need time

He might not need time.
히   마이트   낫   니드   타임

그는 집을 팔지도 몰라.
집을 팔아 sell a house

He might sell a house.
히   마이트   쎌   어   하우스

그는 집을 안 팔지도 몰라.
집을 팔아 sell a house

He might not sell a house.
히   마이트   낫   쎌   어   하우스

영어 문장을 따라하며 에코잉 해 보세요.

그녀는 ~할지도 몰라   She might ~
~ 안 할지도 몰라   She might not ~

그녀는 여행할지도 몰라.
여행해 **travel**

She might travel.
쉬   마이트   트뤠블

그녀는 여행 안 할지도 몰라.
여행해 **travel**

She might not travel.
쉬   마이트   낫   트뤠블

그녀는 샐러드를 먹을지도 몰라.
샐러드를 먹어 **eat salad**

She might eat salad.
쉬   마이트   이트   쌜러드

그녀는 샐러드를 안 먹을지도 몰라.
샐러드를 먹어 **eat salad**

She might not eat salad.
쉬   마이트   낫   이트   쌜러드

그녀는 시간이 필요할지도 몰라.
시간이 필요해 **need time**

She might need time.
쉬   마이트   니드   타임

그녀는 시간이 안 필요할지도 몰라.
시간이 필요해 **need time**

She might not need time.
쉬   마이트   낫   니드   타임

그녀는 집을 팔지도 몰라.
집을 팔아 **sell a house**

She might sell a house.
쉬   마이트   쎌 어   하우스

그녀는 집을 안 팔지도 몰라.
집을 팔아 **sell a house**

She might not sell a house.
쉬   마이트   낫   쎌 어   하우스

우리말만 보고 영어로 **자동발사** 해 보세요.   🎧 MP3를 들으며 자동발사가 되는지 확인해 보세요.

그는 ~할지도 몰라, ~ 안 할지도 몰라   He might ~, He might not ~

그는 여행할지도 몰라.	📢 He might travel.
그는 여행 안 할지도 몰라.	
그는 샐러드를 먹을지도 몰라.	
그는 샐러드를 안 먹을지도 몰라.	
그는 시간이 필요할지도 몰라.	
그는 시간이 안 필요할지도 몰라.	
그는 집을 팔지도 몰라.	
그는 집을 안 팔지도 몰라.	

그녀는 ~할지도 몰라, ~ 안 할지도 몰라   She might ~, She might not ~

그녀는 여행할지도 몰라.	📢 She might travel.
그녀는 여행 안 할지도 몰라.	
그녀는 샐러드를 먹을지도 몰라.	
그녀는 샐러드를 안 먹을지도 몰라.	
그녀는 시간이 필요할지도 몰라.	
그녀는 시간이 안 필요할지도 몰라.	
그녀는 집을 팔지도 몰라.	
그녀는 집을 안 팔지도 몰라.	

다시 한 번 말해보면서 자동발사 되는지 **확인** 해 보세요.

그는 ~할지도 몰라, ~ 안 할지도 몰라

그는 여행할지도 몰라.	He might travel.
그는 여행 안 할지도 몰라.	He might not travel.
그는 샐러드를 먹을지도 몰라.	He might eat salad.
그는 샐러드를 안 먹을지도 몰라.	He might not eat salad.
그는 시간이 필요할지도 몰라.	He might need time.
그는 시간이 안 필요할지도 몰라.	He might not need time.
그는 집을 팔지도 몰라.	He might sell a house.
그는 집을 안 팔지도 몰라.	He might not sell a house.

그녀는 ~할지도 몰라, ~ 안 할지도 몰라

그녀는 여행할지도 몰라.	She might travel.
그녀는 여행 안 할지도 몰라.	She might not travel.
그녀는 샐러드를 먹을지도 몰라.	She might eat salad.
그녀는 샐러드를 안 먹을지도 몰라.	She might not eat salad.
그녀는 시간이 필요할지도 몰라.	She might need time.
그녀는 시간이 안 필요할지도 몰라.	She might not need time.
그녀는 집을 팔지도 몰라.	She might sell a house.
그녀는 집을 안 팔지도 몰라.	She might not sell a house.

DAY 15

나는 바빠.
I am busy.

나는 (어떠)해

> 나는 바빠.

오늘도 바쁘고,
내일도 바쁘고,
내년에도 바쁠거야.

아...
바쁘구나...

즉, 너를 만나기 싫다는 말이야.

'바쁜'은 busy, '나는 바빠'는 그 앞에 **I am**을 붙이면 돼요.

 **I am busy.** 이렇게요.

아이   엠   비지

따라하며 톡!

영어 문장을 따라하며 에코잉 해 보세요.   🎧 MP3를 들으며 메아리처럼 에코잉 해 보세요.

| 나는 (어떠)해 | I am ~ |
| (어떠)하지 않아 | I am not ~ |

나는 행복해.
행복한 happy

I am happy.
아이 엠 해피

나는 행복하지 않아.
행복한 happy

I am not happy.
아이 엠 낫 해피

나는 슬퍼.
슬픈 sad

I am sad.
아이 엠 쌔드

나는 슬프지 않아.
슬픈 sad

I am not sad.
아이 엠 낫 쌔드

나는 키가 커.
키가 큰 tall

I am tall.
아이 엠 톨

나는 키가 크지 않아.
키가 큰 tall

I am not tall.
아이 엠 낫 톨

나는 배고파.
배고픈 hungry

I am hungry.
아이 엠 헝그뤼

나는 배고프지 않아.
배고픈 hungry

I am not hungry.
아이 엠 낫 헝그뤼

영어 문장을 따라하며 에코잉 해 보세요.

너는 (어떠)해 　　　　You are ~
(어떠)하지 않아　　　　You are not ~

너는 행복해.　　　　　　You are happy.
행복한 happy　　　　　　유　알　　해피

너는 행복하지 않아.　　　You are not happy.
행복한 happy　　　　　　유　알　낫　해피

너는 슬퍼.　　　　　　　You are sad.
슬픈 sad　　　　　　　　유　알　　쌔드

너는 슬프지 않아.　　　　You are not sad.
슬픈 sad　　　　　　　　유　알　낫　쌔드

너는 키가 커.　　　　　　You are tall.
키가 큰 tall　　　　　　 유　알　　톨

너는 키가 크지 않아.　　 You are not tall.
키가 큰 tall　　　　　　 유　알　낫　톨

너는 배고파.　　　　　　You are hungry.
배고픈 hungry　　　　　 유　알　　헝그뤼

너는 배고프지 않아.　　　You are not hungry.
배고픈 hungry　　　　　 유　알　낫　헝그뤼

DAY 15 왕초보 말문트기 1탄

자동발사 톡!

우리말만 보고 영어로 **자동발사** 해 보세요.   🎧 MP3를 들으며 자동발사가 되는지 확인해 보세요.

나는 (어떠)해, (어떠)하지 않아   I am ~, I am not ~

나는 행복해.   📣 I am happy.

나는 행복하지 않아.

나는 슬퍼.

나는 슬프지 않아.

나는 키가 커.

나는 키가 크지 않아.

나는 배고파.

나는 배고프지 않아.

너는 (어떠)해, (어떠)하지 않아   You are ~, You are not ~

너는 행복해.   📣 You are happy.

너는 행복하지 않아.

너는 슬퍼.

너는 슬프지 않아.

너는 키가 커.

너는 키가 크지 않아.

너는 배고파.

너는 배고프지 않아.

다시 한 번 말해보면서 자동발사 되는지 **확인** 해 보세요.

나는 (어떠)해, (어떠)하지 않아

나는 행복해.	I am happy.
나는 행복하지 않아.	I am not happy.
나는 슬퍼.	I am sad.
나는 슬프지 않아.	I am not sad.
나는 키가 커.	I am tall.
나는 키가 크지 않아.	I am not tall.
나는 배고파.	I am hungry.
나는 배고프지 않아.	I am not hungry.

너는 (어떠)해, (어떠)하지 않아

너는 행복해.	You are happy.
너는 행복하지 않아.	You are not happy.
너는 슬퍼.	You are sad.
너는 슬프지 않아.	You are not sad.
너는 키가 커.	You are tall.
너는 키가 크지 않아.	You are not tall.
너는 배고파.	You are hungry.
너는 배고프지 않아.	You are not hungry.

영어 문장을 따라하며 에코잉 해 보세요. MP3를 들으며 메아리처럼 에코잉 해 보세요.

| 그는 (어때)해 | He is ~ |
| (어때)하지 않아 | He is not ~ |

그는 행복해.
행복한 happy
He is happy.
히 이즈 해피

그는 행복하지 않아.
행복한 happy
He is not happy.
히 이즈 낫 해피

그는 슬퍼.
슬픈 sad
He is sad.
히 이즈 쌔드

그는 슬프지 않아.
슬픈 sad
He is not sad.
히 이즈 낫 쌔드

그는 말랐어.
마른 thin
He is thin.
히 이즈 씬

그는 마르지 않았어.
마른 thin
He is not thin.
히 이즈 낫 씬

그는 똑똑해.
똑똑한 smart
He is smart.
히 이즈 스마트

그는 똑똑하지 않아.
똑똑한 smart
He is not smart.
히 이즈 낫 스마트

영어 문장을 따라하며 에코잉 해 보세요.

> **그녀**는 (어떠)해
> (어떠)하지 않아
>
> She is ~
> She is not ~

그녀는 행복해.
행복한 happy

She is happy.
쉬 이즈 해피

그녀는 행복하지 않아.
행복한 happy

She is not happy.
쉬 이즈 낫 해피

그녀는 슬퍼.
슬픈 sad

She is sad.
쉬 이즈 쌔드

그녀는 슬프지 않아.
슬픈 sad

She is not sad.
쉬 이즈 낫 쌔드

그녀는 말랐어.
마른 thin

She is thin.
쉬 이즈 씬

그녀는 마르지 않았어.
마른 thin

She is not thin.
쉬 이즈 낫 씬

그녀는 똑똑해.
똑똑한 smart

She is smart.
쉬 이즈 스마트

그녀는 똑똑하지 않아.
똑똑한 smart

She is not smart.
쉬 이즈 낫 스마트

자동발사 톡!

우리말만 보고 영어로 **자동발사** 해 보세요.   🎧 MP3를 들으며 자동발사가 되는지 확인해 보세요.

그는 (어떠)해, (어떠)하지 않아   He is ~, He is not ~

그는 행복해.	📢 He is happy.
그는 행복하지 않아.	
그는 슬퍼.	
그는 슬프지 않아.	
그는 말랐어.	
그는 마르지 않았어.	
그는 똑똑해.	
그는 똑똑하지 않아.	

그녀는 (어떠)해, (어떠)하지 않아   She is ~, She is not ~

그녀는 행복해.	📢 She is happy.
그녀는 행복하지 않아.	
그녀는 슬퍼.	
그녀는 슬프지 않아.	
그녀는 말랐어.	
그녀는 마르지 않았어.	
그녀는 똑똑해.	
그녀는 똑똑하지 않아.	

다시 한 번 말해보면서 자동발사 되는지 **확인** 해 보세요.

그는 (어떠)해, (어떠)하지 않아

그는 행복해.	He is happy.
그는 행복하지 않아.	He is not happy.
그는 슬퍼.	He is sad.
그는 슬프지 않아.	He is not sad.
그는 말랐어.	He is thin.
그는 마르지 않았어.	He is not thin.
그는 똑똑해.	He is smart.
그는 똑똑하지 않아.	He is not smart.

그녀는 (어떠)해, (어떠)하지 않아

그녀는 행복해.	She is happy.
그녀는 행복하지 않아.	She is not happy.
그녀는 슬퍼.	She is sad.
그녀는 슬프지 않아.	She is not sad.
그녀는 말랐어.	She is thin.
그녀는 마르지 않았어.	She is not thin.
그녀는 똑똑해.	She is smart.
그녀는 똑똑하지 않아.	She is not smart.

DAY 16 | 나는 바빴어.

I was busy.

나는 (어떠)했어

> 나는 바빴어.

집에서 뒹구느라 바빴다!

'바쁜'은 busy, '나는 바빴어'는 그 앞에 **I was**를 붙이면 돼요.

I was busy. 이렇게요.
아이   워즈   비지

영어 문장을 따라하며 에코잉 해 보세요.   🎧 MP3를 들으며 메아리처럼 에코잉 해 보세요.

> **나**는 (어떠)했어   I was ~
> (어떠)하지 않았어   I was not ~

나는 행복했어.   I was happy.
행복한 happy   아이 워즈 해피

나는 행복하지 않았어.   I was not happy.
행복한 happy   아이 워즈 낫 해피

나는 슬펐어.   I was sad.
슬픈 sad   아이 워즈 쌔드

나는 슬프지 않았어.   I was not sad.
슬픈 sad   아이 워즈 낫 쌔드

나는 예뻤어.   I was pretty.
예쁜 pretty   아이 워즈 프뤼리

나는 예쁘지 않았어.   I was not pretty.
예쁜 pretty   아이 워즈 낫 프뤼리

나는 피곤했어.   I was tired.
피곤한 tired   아이 워즈 타이어드

나는 피곤하지 않았어.   I was not tired.
피곤한 tired   아이 워즈 낫 타이어드

영어 문장을 따라하며 에코잉 해 보세요.

> **너**는 (어떠)했어　　　You were ~
> 　　(어떠)하지 않았어　You were not ~

너는 행복했어.
행복한 happy

You were happy.
유　월　해피

너는 행복하지 않았어.
행복한 happy

You were not happy.
유　월　낫　해피

너는 슬펐어.
슬픈 sad

You were sad.
유　월　쌔드

너는 슬프지 않았어.
슬픈 sad

You were not sad.
유　월　낫　쌔드

너는 예뻤어.
예쁜 pretty

You were pretty.
유　월　프뤼리

너는 예쁘지 않았어.
예쁜 pretty

You were not pretty.
유　월　낫　프뤼리

너는 피곤했어.
피곤한 tired

You were tired.
유　월　타이어드

너는 피곤하지 않았어.
피곤한 tired

You were not tired.
유　월　낫　타이어드

우리말만 보고 영어로 **자동발사** 해 보세요.　　　🎧 MP3를 들으며 자동발사가 되는지 확인해 보세요.

나는 (어떠)했어, (어떠)하지 않았어　　I was ~, I was not ~

나는 행복했어.	📢 I was happy.
나는 행복하지 않았어.	
나는 슬펐어.	
나는 슬프지 않았어.	
나는 예뻤어.	
나는 예쁘지 않았어.	
나는 피곤했어.	
나는 피곤하지 않았어.	

너는 (어떠)했어, (어떠)하지 않았어　　You were ~, You were not ~

너는 행복했어.	📢 You were happy.
너는 행복하지 않았어.	
너는 슬펐어.	
너는 슬프지 않았어.	
너는 예뻤어.	
너는 예쁘지 않았어.	
너는 피곤했어.	
너는 피곤하지 않았어.	

다시 한 번 말해보면서 자동발사 되는지 **확인** 해 보세요.

나는 (어떠)했어, (어떠)하지 않았어

나는 행복했어.	I was happy.
나는 행복하지 않았어.	I was not happy.
나는 슬펐어.	I was sad.
나는 슬프지 않았어.	I was not sad.
나는 예뻤어.	I was pretty.
나는 예쁘지 않았어.	I was not pretty.
나는 피곤했어.	I was tired.
나는 피곤하지 않았어.	I was not tired.

너는 (어떠)했어, (어떠)하지 않았어

너는 행복했어.	You were happy.
너는 행복하지 않았어.	You were not happy.
너는 슬펐어.	You were sad.
너는 슬프지 않았어.	You were not sad.
너는 예뻤어.	You were pretty.
너는 예쁘지 않았어.	You were not pretty.
너는 피곤했어.	You were tired.
너는 피곤하지 않았어.	You were not tired.

영어 문장을 따라하며 에코잉 해 보세요.　　　　　MP3를 들으며 메아리처럼 에코잉 해 보세요.

| 그는 (어때)했어
　　(어때)하지 않았어 | He was ~
He was not ~ |

그는 행복했어.
행복한 happy

He was happy.
히　워즈　해피

그는 행복하지 않았어.
행복한 happy

He was not happy.
히　워즈　낫　해피

그는 슬펐어.
슬픈 sad

He was sad.
히　워즈　쌔드

그는 슬프지 않았어.
슬픈 sad

He was not sad.
히　워즈　낫　쌔드

그는 귀여웠어.
귀여운 cute

He was cute.
히　워즈　큐트

그는 귀엽지 않았어.
귀여운 cute

He was not cute.
히　워즈　낫　큐트

그는 유명했어.
유명한 famous

He was famous.
히　워즈　페이머스

그는 유명하지 않았어.
유명한 famous

He was not famous.
히　워즈　낫　페이머스

영어 문장을 따라하며 에코잉 해 보세요.

> **그녀**는 (어떠)했어 She was ~
> (어떠)하지 않았어 She was not ~

그녀는 행복했어.
행복한 happy

She was happy.
쉬 워즈 해피

그녀는 행복하지 않았어.
행복한 happy

She was not happy.
쉬 워즈 낫 해피

그녀는 슬펐어.
슬픈 sad

She was sad.
쉬 워즈 쌔드

그녀는 슬프지 않았어.
슬픈 sad

She was not sad.
쉬 워즈 낫 쌔드

그녀는 귀여웠어.
귀여운 cute

She was cute.
쉬 워즈 큐트

그녀는 귀엽지 않았어.
귀여운 cute

She was not cute.
쉬 워즈 낫 큐트

그녀는 유명했어.
유명한 famous

She was famous.
쉬 워즈 페이머스

그녀는 유명하지 않았어.
유명한 famous

She was not famous.
쉬 워즈 낫 페이머스

자동발사 톡!

우리말만 보고 영어로 **자동발사** 해 보세요.　　🎧 MP3를 들으며 자동발사가 되는지 확인해 보세요.

그는 (어떠)했어, (어떠)하지 않았어　　He was ~, He was not ~

그는 행복했어.	📢 He was happy.
그는 행복하지 않았어.	
그는 슬펐어.	
그는 슬프지 않았어.	
그는 귀여웠어.	
그는 귀엽지 않았어.	
그는 유명했어.	
그는 유명하지 않았어.	

그녀는 (어떠)했어, (어떠)하지 않았어　　She was ~, She was not ~

그녀는 행복했어.	📢 She was happy.
그녀는 행복하지 않았어.	
그녀는 슬펐어.	
그녀는 슬프지 않았어.	
그녀는 귀여웠어.	
그녀는 귀엽지 않았어.	
그녀는 유명했어.	
그녀는 유명하지 않았어.	

다시 한 번 말해보면서 자동발사 되는지 **확인** 해 보세요.

그는 (어떠)했어, (어떠)하지 않았어

그는 행복했어.	He was happy.
그는 행복하지 않았어.	He was not happy.
그는 슬펐어.	He was sad.
그는 슬프지 않았어.	He was not sad.
그는 귀여웠어.	He was cute.
그는 귀엽지 않았어.	He was not cute.
그는 유명했어.	He was famous.
그는 유명하지 않았어.	He was not famous.

그녀는 (어떠)했어, (어떠)하지 않았어

그녀는 행복했어.	She was happy.
그녀는 행복하지 않았어.	She was not happy.
그녀는 슬펐어.	She was sad.
그녀는 슬프지 않았어.	She was not sad.
그녀는 귀여웠어.	She was cute.
그녀는 귀엽지 않았어.	She was not cute.
그녀는 유명했어.	She was famous.
그녀는 유명하지 않았어.	She was not famous.

DAY 17 | 너는 바쁘니?

Are you busy?

너는 (어떠)하니?

> 너는 바쁘니?

쇼핑 갈래?
쇼핑 갈래?
쇼핑 갈래?

나는 여친의 바쁘냐는 말이 제일 무섭다...

'바쁜'은 busy, '너는 바쁘니?'는 그 앞에 **Are you**를 붙이면 돼요.

Are you busy? 이렇게요.
알 유 비지

영어 문장을 따라하며 에코잉 해 보세요.   🎧 MP3를 들으며 메아리처럼 에코잉 해 보세요.

| 너는 (어떠)하니? | Are you ~ |
| (어떠)했니? | Were you ~ |

너는 행복하니?
행복한 happy

Are you happy?
알 유 해피

너는 행복했니?
행복한 happy

Were you happy?
월 유 해피

너는 슬프니?
슬픈 sad

Are you sad?
알 유 쌔드

너는 슬펐니?
슬픈 sad

Were you sad?
월 유 쌔드

너는 준비됐니?
준비된 ready

Are you ready?
알 유 뤠디

너는 준비됐었니?
준비된 ready

Were you ready?
월 유 뤠디

너는 부유하니?
부유한 rich

Are you rich?
알 유 뤼취

너는 부유했니?
부유한 rich

Were you rich?
월 유 뤼취

영어 문장을 따라하며 에코잉 해 보세요.

| 그들은 (어떠)하니?　　　　　Are they ~ |
| 　　　(어떠)했니?　　　　　Were they ~ |

| 그들은 행복하니? | Are they happy? |
| 행복한 happy | 알　데이　해피 |

| 그들은 행복했니? | Were they happy? |
| 행복한 happy | 월　데이　해피 |

| 그들은 슬프니? | Are they sad? |
| 슬픈 sad | 알　데이　쌔드 |

| 그들은 슬펐니? | Were they sad? |
| 슬픈 sad | 월　데이　쌔드 |

| 그들은 준비됐니? | Are they ready? |
| 준비된 ready | 알　데이　뤠디 |

| 그들은 준비됐었니? | Were they ready? |
| 준비된 ready | 월　데이　뤠디 |

| 그들은 부유하니? | Are they rich? |
| 부유한 rich | 알　데이　뤼취 |

| 그들은 부유했니? | Were they rich? |
| 부유한 rich | 월　데이　뤼취 |

DAY 17 왕초보 말문트기 1탄

우리말만 보고 영어로 **자동발사** 해 보세요. 🎧 MP3를 들으며 자동발사가 되는지 확인해 보세요.

너는 (어떠)하니?, (어떠)했니?   Are you ~, Were you ~

너는 행복하니?	📢 Are you happy?
너는 행복했니?	
너는 슬프니?	
너는 슬펐니?	
너는 준비됐니?	
너는 준비됐었니?	
너는 부유하니?	
너는 부유했니?	

그들은 (어떠)하니?, (어떠)했니?   Are they ~, Were they ~

그들은 행복하니?	📢 Are they happy?
그들은 행복했니?	
그들은 슬프니?	
그들은 슬펐니?	
그들은 준비됐니?	
그들은 준비됐었니?	
그들은 부유하니?	
그들은 부유했니?	

다시 한 번 말해보면서 자동발사 되는지 **확인** 해 보세요.

너는 (어떠)하니?, (어떠)했니?

너는 행복하니?	Are you happy?
너는 행복했니?	Were you happy?
너는 슬프니?	Are you sad?
너는 슬펐니?	Were you sad?
너는 준비됐니?	Are you ready?
너는 준비됐었니?	Were you ready?
너는 부유하니?	Are you rich?
너는 부유했니?	Were you rich?

그들은 (어떠)하니?, (어떠)했니?

그들은 행복하니?	Are they happy?
그들은 행복했니?	Were they happy?
그들은 슬프니?	Are they sad?
그들은 슬펐니?	Were they sad?
그들은 준비됐니?	Are they ready?
그들은 준비됐었니?	Were they ready?
그들은 부유하니?	Are they rich?
그들은 부유했니?	Were they rich?

영어 문장을 따라하며 에코잉 해 보세요.

> 그는 (어떠)하니?   Is he ~
> (어떠)했니?   Was he ~

그는 행복하니?
행복한 happy
Is he happy?
이즈 히 해피

그는 행복했니?
행복한 happy
Was he happy?
워즈 히 해피

그는 슬프니?
슬픈 sad
Is he sad?
이즈 히 쌔드

그는 슬펐니?
슬픈 sad
Was he sad?
워즈 히 쌔드

그는 화났니?
화난 angry
Is he angry?
이즈 히 앵그뤼

그는 화났었니?
화난 angry
Was he angry?
워즈 히 앵그뤼

그는 친절하니?
친절한 kind
Is he kind?
이즈 히 카인드

그는 친절했니?
친절한 kind
Was he kind?
워즈 히 카인드

영어 문장을 따라하며 에코잉 해 보세요.

그녀는 (어떠)하니?   Is she ~
(어떠)했니?   Was she ~

그녀는 행복하니?
행복한 happy

Is she happy?
이즈 쉬 해피

그녀는 행복했니?
행복한 happy

Was she happy?
워즈 쉬 해피

그녀는 슬프니?
슬픈 sad

Is she sad?
이즈 쉬 쌔드

그녀는 슬펐니?
슬픈 sad

Was she sad?
워즈 쉬 쌔드

그녀는 화났니?
화난 angry

Is she angry?
이즈 쉬 앵그뤼

그녀는 화났었니?
화난 angry

Was she angry?
워즈 쉬 앵그뤼

그녀는 친절하니?
친절한 kind

Is she kind?
이즈 쉬 카인드

그녀는 친절했니?
친절한 kind

Was she kind?
워즈 쉬 카인드

우리말만 보고 영어로 **자동발사** 해 보세요. 🎧 MP3를 들으며 자동발사가 되는지 확인해 보세요.

그는 (어떠)하니?, (어떠)했니?   Is he ~, Was he ~

그는 행복하니?	📢 Is he happy?
그는 행복했니?	
그는 슬프니?	
그는 슬펐니?	
그는 화났니?	
그는 화났었니?	
그는 친절하니?	
그는 친절했니?	

그녀는 (어떠)하니?, (어떠)했니?   Is she ~, Was she ~

그녀는 행복하니?	📢 Is she happy?
그녀는 행복했니?	
그녀는 슬프니?	
그녀는 슬펐니?	
그녀는 화났니?	
그녀는 화났었니?	
그녀는 친절하니?	
그녀는 친절했니?	

다시 한 번 말해보면서 자동발사 되는지 **확인** 해 보세요.

그는 (어떠)하니?, (어떠)했니?

그는 행복하니?	Is he happy?
그는 행복했니?	Was he happy?
그는 슬프니?	Is he sad?
그는 슬펐니?	Was he sad?
그는 화났니?	Is he angry?
그는 화났었니?	Was he angry?
그는 친절하니?	Is he kind?
그는 친절했니?	Was he kind?

그녀는 (어떠)하니?, (어떠)했니?

그녀는 행복하니?	Is she happy?
그녀는 행복했니?	Was she happy?
그녀는 슬프니?	Is she sad?
그녀는 슬펐니?	Was she sad?
그녀는 화났니?	Is she angry?
그녀는 화났었니?	Was she angry?
그녀는 친절하니?	Is she kind?
그녀는 친절했니?	Was she kind?

더글라스 선생님의 동영상강의

왕초보영어 탈출

DAY 18 | 나는 의사야.
I am a doctor.

나는 (누구)야

> 나는 의사야.

의사의 명예를 걸고!
반드시 고쳐내겠어!

변비 때문에 병원에 왔는데
너무 부담스럽다.

'의사'는 a doctor, '나는 의사야'는 그 앞에 **I am**을 붙이면 돼요.

 **I am a doctor.** 이렇게요.
아이 엠 어 닥터

영어 문장을 따라하며 에코잉 해 보세요. 🎧 MP3를 들으며 메아리처럼 에코잉 해 보세요.

| 나는 (누구)야 | I am ~ |
| (누구)가 아니야 | I am not ~ |

나는 선생님이야.
선생님 a teacher
I am a teacher.
아이 엠 어 티쳐

나는 선생님이 아니야.
선생님 a teacher
I am not a teacher.
아이 엠 낫 어 티쳐

나는 가수야.
가수 a singer
I am a singer.
아이 엠 어 씽어

나는 가수가 아니야.
가수 a singer
I am not a singer.
아이 엠 낫 어 씽어

나는 모델이야.
모델 a model
I am a model.
아이 엠 어 마들

나는 모델이 아니야.
모델 a model
I am not a model.
아이 엠 낫 어 마들

나는 학생이야.
학생 a student
I am a student.
아이 엠 어 스튜던트

나는 학생이 아니야.
학생 a student
I am not a student.
아이 엠 낫 어 스튜던트

영어 문장을 따라하며 에코잉 해 보세요.

| 그는 (누구)야 | He is ~ |
| 　 (누구)가 아니야 | He is not ~ |

그는 선생님이야.
선생님 a teacher

He is a teacher.
히 이즈 어　티쳐

그는 선생님이 아니야.
선생님 a teacher

He is not a teacher.
히 이즈 낫 어　티쳐

그는 가수야.
가수 a singer

He is a singer.
히 이즈 어　씽어

그는 가수가 아니야.
가수 a singer

He is not a singer.
히 이즈 낫 어　씽어

그는 모델이야.
모델 a model

He is a model.
히 이즈 어　마들

그는 모델이 아니야.
모델 a model

He is not a model.
히 이즈 낫 어　마들

그는 학생이야.
학생 a student

He is a student.
히 이즈 어　스튜던트

그는 학생이 아니야.
학생 a student

He is not a student.
히 이즈 낫 어　스튜던트

우리말만 보고 영어로 **자동발사** 해 보세요.   🎧 MP3를 들으며 자동발사가 되는지 확인해 보세요.

나는 (누구)야, (누구)가 아니야   I am ~, I am not ~

나는 선생님이야.	📢 I am a teacher.
나는 선생님이 아니야.	
나는 가수야.	
나는 가수가 아니야.	
나는 모델이야.	
나는 모델이 아니야.	
나는 학생이야.	
나는 학생이 아니야.	

그는 (누구)야, (누구)가 아니야   He is ~, He is not ~

그는 선생님이야.	📢 He is a teacher.
그는 선생님이 아니야.	
그는 가수야.	
그는 가수가 아니야.	
그는 모델이야.	
그는 모델이 아니야.	
그는 학생이야.	
그는 학생이 아니야.	

다시 한 번 말해보면서 자동발사 되는지 **확인** 해 보세요.

나는 (누구)야, (누구)가 아니야

나는 선생님이야.	I am a teacher.
나는 선생님이 아니야.	I am not a teacher.
나는 가수야.	I am a singer.
나는 가수가 아니야.	I am not a singer.
나는 모델이야.	I am a model.
나는 모델이 아니야.	I am not a model.
나는 학생이야.	I am a student.
나는 학생이 아니야.	I am not a student.

그는 (누구)야, (누구)가 아니야

그는 선생님이야.	He is a teacher.
그는 선생님이 아니야.	He is not a teacher.
그는 가수야.	He is a singer.
그는 가수가 아니야.	He is not a singer.
그는 모델이야.	He is a model.
그는 모델이 아니야.	He is not a model.
그는 학생이야.	He is a student.
그는 학생이 아니야.	He is not a student.

영어 문장을 따라하며 에코잉 해 보세요.　　🎧 MP3를 들으며 메아리처럼 에코잉 해 보세요.

너는 (누구)야
(누구)가 아니야

You are ~
You are not ~

너는 선생님이야.
선생님 a teacher

You are a teacher.
유　알　어　티쳐

너는 선생님이 아니야.
선생님 a teacher

You are not a teacher.
유　알　낫　어　티쳐

너는 가수야.
가수 a singer

You are a singer.
유　알　어　씽어

너는 가수가 아니야.
가수 a singer

You are not a singer.
유　알　낫　어　씽어

너는 댄서야.
댄서 a dancer

You are a dancer.
유　알　어　댄써

너는 댄서가 아니야.
댄서 a dancer

You are not a dancer.
유　알　낫　어　댄써

너는 작가야.
작가 a writer

You are a writer.
유　알　어　롸이러

너는 작가가 아니야.
작가 a writer

You are not a writer.
유　알　낫　어　롸이러

영어 문장을 따라하며 에코잉 해 보세요.

> **그들**은 (누구)야
> (누구)가 아니야
>
> They are ~
> They are not ~

그들은 선생님이야.
선생님 teachers

They are teachers.
데이 알 티쳐스

2명 이상은 a teacher가 아니라 teachers로 말해요.

그들은 선생님이 아니야.
선생님 teachers

They are not teachers.
데이 알 낫 티쳐스

그들은 가수야.
가수 singers

They are singers.
데이 알 씽어스

그들은 가수가 아니야.
가수 singers

They are not singers.
데이 알 낫 씽어스

그들은 댄서야.
댄서 dancers

They are dancers.
데이 알 댄써스

그들은 댄서가 아니야.
댄서 dancers

They are not dancers.
데이 알 낫 댄써스

그들은 작가야.
작가 writers

They are writers.
데이 알 롸이러스

그들은 작가가 아니야.
작가 writers

They are not writers.
데이 알 낫 롸이러스

우리말만 보고 영어로 **자동발사** 해 보세요. 　　MP3를 들으며 자동발사가 되는지 확인해 보세요.

너는 (누구)야, (누구)가 아니야 — You are ~, You are not ~

너는 선생님이야.	You are a teacher.
너는 선생님이 아니야.	
너는 가수야.	
너는 가수가 아니야.	
너는 댄서야.	
너는 댄서가 아니야.	
너는 작가야.	
너는 작가가 아니야.	

그들은 (누구)야, (누구)가 아니야 — They are ~, They are not ~

그들은 선생님이야.	They are teachers.
그들은 선생님이 아니야.	
그들은 가수야.	
그들은 가수가 아니야.	
그들은 댄서야.	
그들은 댄서가 아니야.	
그들은 작가야.	
그들은 작가가 아니야.	

다시 한 번 말해보면서 자동발사 되는지 **확인** 해 보세요.

너는 (누구)야, (누구)가 아니야

너는 선생님이야.	You are a teacher.
너는 선생님이 아니야.	You are not a teacher.
너는 가수야.	You are a singer.
너는 가수가 아니야.	You are not a singer.
너는 댄서야.	You are a dancer.
너는 댄서가 아니야.	You are not a dancer.
너는 작가야.	You are a writer.
너는 작가가 아니야.	You are not a writer.

그들은 (누구)야, (누구)가 아니야

그들은 선생님이야.	They are teachers.
그들은 선생님이 아니야.	They are not teachers.
그들은 가수야.	They are singers.
그들은 가수가 아니야.	They are not singers.
그들은 댄서야.	They are dancers.
그들은 댄서가 아니야.	They are not dancers.
그들은 작가야.	They are writers.
그들은 작가가 아니야.	They are not writers.

더글라스 선생님의
동영상강의

DAY 19 | 나는 의사였어.
I was a doctor.

나는 (누구)였어

> 나는 의사였어.

너도 탈모 100%

믿고 싶지 않은 아버지의 확진...

'의사'는 a doctor, '나는 의사였어'는 그 앞에 **I was**를 붙이면 돼요.

 **I was a doctor.** 이렇게요.
아이 워즈 어 닥터

영어 문장을 따라하며 에코잉 해 보세요.   MP3를 들으며 메아리처럼 에코잉 해 보세요.

나는 (누구)였어
　　(누구)가 아니었어
I was ~
I was not ~

나는 선생님이었어.
선생님 a teacher
I was a teacher.
아이 워즈 어　티쳐

나는 선생님이 아니었어.
선생님 a teacher
I was not a teacher.
아이 워즈　낫 어　티쳐

나는 가수였어.
가수 a singer
I was a singer.
아이 워즈 어　씽어

나는 가수가 아니었어.
가수 a singer
I was not a singer.
아이 워즈　낫 어　씽어

나는 간호사였어.
간호사 a nurse
I was a nurse.
아이 워즈 어　널스

나는 간호사가 아니었어.
간호사 a nurse
I was not a nurse.
아이 워즈　낫 어　널스

나는 버스 운전사였어.
버스 운전사 a bus driver
I was a bus driver.
아이 워즈 어　버스　드라이버

나는 버스 운전사가 아니었어.
버스 운전사 a bus driver
I was not a bus driver.
아이 워즈　낫 어　버스　드라이버

영어 문장을 따라하며 **에코잉** 해 보세요.

> **그녀**는 (누구)였어　　　　She was ~
> 　　　(누구)가 아니었어　　She was not ~

그녀는 선생님이었어.　　　　She was a teacher.
선생님 a teacher　　　　　　쉬　워즈　어　티쳐

그녀는 선생님이 아니었어.　　She was not a teacher.
선생님 a teacher　　　　　　쉬　워즈　낫　어　티쳐

그녀는 가수였어.　　　　　　She was a singer.
가수 a singer　　　　　　　쉬　워즈　어　씽어

그녀는 가수가 아니었어.　　　She was not a singer.
가수 a singer　　　　　　　쉬　워즈　낫　어　씽어

그녀는 간호사였어.　　　　　She was a nurse.
간호사 a nurse　　　　　　쉬　워즈　어　널스

그녀는 간호사가 아니었어.　　She was not a nurse.
간호사 a nurse　　　　　　쉬　워즈　낫　어　널스

그녀는 버스 운전사였어.　　　She was a bus driver.
버스 운전사 a bus driver　　쉬　워즈　어　버스　드라이붜

그녀는 버스 운전사가 아니었어.　She was not a bus driver.
버스 운전사 a bus driver　　쉬　워즈　낫　어　버스　드라이붜

우리말만 보고 영어로 **자동발사** 해 보세요.   MP3를 들으며 자동발사가 되는지 확인해 보세요.

나는 (누구)였어, (누구)가 아니었어   I was ~, I was not ~

나는 선생님이었어.	I was a teacher.
나는 선생님이 아니었어.	
나는 가수였어.	
나는 가수가 아니었어.	
나는 간호사였어.	
나는 간호사가 아니었어.	
나는 버스 운전사였어.	
나는 버스 운전사가 아니었어.	

그녀는 (누구)였어, (누구)가 아니었어   She was ~, She was not ~

그녀는 선생님이었어.	She was a teacher.
그녀는 선생님이 아니었어.	
그녀는 가수였어.	
그녀는 가수가 아니었어.	
그녀는 간호사였어.	
그녀는 간호사가 아니었어.	
그녀는 버스 운전사였어.	
그녀는 버스 운전사가 아니었어.	

다시 한 번 말해보면서 자동발사 되는지 **확인** 해 보세요.

나는 (누구)였어, (누구)가 아니었어

나는 선생님이었어.	I was a teacher.
나는 선생님이 아니었어.	I was not a teacher.
나는 가수였어.	I was a singer.
나는 가수가 아니었어.	I was not a singer.
나는 간호사였어.	I was a nurse.
나는 간호사가 아니었어.	I was not a nurse.
나는 버스 운전사였어.	I was a bus driver.
나는 버스 운전사가 아니었어.	I was not a bus driver.

그녀는 (누구)였어, (누구)가 아니었어

그녀는 선생님이었어.	She was a teacher.
그녀는 선생님이 아니었어.	She was not a teacher.
그녀는 가수였어.	She was a singer.
그녀는 가수가 아니었어.	She was not a singer.
그녀는 간호사였어.	She was a nurse.
그녀는 간호사가 아니었어.	She was not a nurse.
그녀는 버스 운전사였어.	She was a bus driver.
그녀는 버스 운전사가 아니었어.	She was not a bus driver.

따라하며 톡!

영어 문장을 따라하며 에코잉 해 보세요. MP3를 들으며 메아리처럼 에코잉 해 보세요.

너는 (누구)였어 / (누구)가 아니었어
You were ~
You were not ~

너는 선생님이었어.
선생님 a teacher
You were a teacher.
유 월 어 티쳐

너는 선생님이 아니었어.
선생님 a teacher
You were not a teacher.
유 월 낫 어 티쳐

너는 가수였어.
가수 a singer
You were a singer.
유 월 어 씽어

너는 가수가 아니었어.
가수 a singer
You were not a singer.
유 월 낫 어 씽어

너는 경찰관이었어.
경찰관 a police officer
You were a police officer.
유 월 어 폴리스 오퓌써

너는 경찰관이 아니었어.
경찰관 a police officer
You were not a police officer.
유 월 낫 어 폴리스 오퓌써

너는 리포터였어.
리포터 a reporter
You were a reporter.
유 월 어 뤼포러

너는 리포터가 아니었어.
리포터 a reporter
You were not a reporter.
유 월 낫 어 뤼포러

영어 문장을 따라하며 에코잉 해 보세요.

> **그들**은 (누구)였어   They were ~
> (누구)가 아니었어   They were not ~

그들은 선생님이었어.
선생님 teachers

They were teachers.
데이   월   티쳐스

그들은 선생님이 아니었어.
선생님 teachers

They were not teachers.
데이   월   낫   티쳐스

그들은 가수였어.
가수 singers

They were singers.
데이   월   씽어스

그들은 가수가 아니었어.
가수 singers

They were not singers.
데이   월   낫   씽어스

그들은 경찰관이었어.
경찰관 police officers

They were police officers.
데이   월   폴리스   오퓌써스

그들은 경찰관이 아니었어.
경찰관 police officers

They were not police officers.
데이   월   낫   폴리스   오퓌써스

그들은 리포터였어.
리포터 reporters

They were reporters.
데이   월   뤼포러스

그들은 리포터가 아니었어.
리포터 reporters

They were not reporters.
데이   월   낫   뤼포러스

우리말만 보고 영어로 **자동발사** 해 보세요.   🎧 MP3를 들으며 자동발사가 되는지 확인해 보세요.

너는 (누구)였어, (누구)가 아니었어 — You were ~, You were not ~

너는 선생님이었어.	📢 You were a teacher.
너는 선생님이 아니었어.	
너는 가수였어.	
너는 가수가 아니었어.	
너는 경찰관이었어.	
너는 경찰관이 아니었어.	
너는 리포터였어.	
너는 리포터가 아니었어.	

그들은 (누구)였어, (누구)가 아니었어 — They were ~, They were not ~

그들은 선생님이었어.	📢 They were teachers.
그들은 선생님이 아니었어.	
그들은 가수였어.	
그들은 가수가 아니었어.	
그들은 경찰관이었어.	
그들은 경찰관이 아니었어.	
그들은 리포터였어.	
그들은 리포터가 아니었어.	

다시 한 번 말해보면서 자동발사 되는지 **확인** 해 보세요.

너는 (누구)였어, (누구)가 아니었어

너는 선생님이었어.	You were a teacher.
너는 선생님이 아니었어.	You were not a teacher.
너는 가수였어.	You were a singer.
너는 가수가 아니었어.	You were not a singer.
너는 경찰관이었어.	You were a police officer.
너는 경찰관이 아니었어.	You were not a police officer.
너는 리포터였어.	You were a reporter.
너는 리포터가 아니었어.	You were not a reporter.

그들은 (누구)였어, (누구)가 아니었어

그들은 선생님이었어.	They were teachers.
그들은 선생님이 아니었어.	They were not teachers.
그들은 가수였어.	They were singers.
그들은 가수가 아니었어.	They were not singers.
그들은 경찰관이었어.	They were police officers.
그들은 경찰관이 아니었어.	They were not police officers.
그들은 리포터였어.	They were reporters.
그들은 리포터가 아니었어.	They were not reporters.

더글라스 선생님의 동영상강의

DAY 20 | 너는 의사니?

Are you a doctor?

너는 (누구)니?

'의사'는 a doctor, '너는 의사니?'는 그 앞에 **Are you**를 붙이면 돼요.

 **Are you a doctor?** 이렇게요.
알 유 어 닥터

따라하며 톡!

영어 문장을 따라하며 에코잉 해 보세요. MP3를 들으며 메아리처럼 에코잉 해 보세요.

| 너는 (누구)니? | Are you ~ |
| (누구)였니? | Were you ~ |

너는 선생님이니?
선생님 a teacher

Are you a teacher?
알 유 어 티쳐

너는 선생님이었니?
선생님 a teacher

Were you a teacher?
월 유 어 티쳐

너는 가수니?
가수 a singer

Are you a singer?
알 유 어 씽어

너는 가수였니?
가수 a singer

Were you a singer?
월 유 어 씽어

너는 화가니?
화가 a painter

Are you a painter?
알 유 어 페인터

너는 화가였니?
화가 a painter

Were you a painter?
월 유 어 페인터

너는 군인이니?
군인 a soldier

Are you a soldier?
알 유 어 쏠져

너는 군인이었니?
군인 a soldier

Were you a soldier?
월 유 어 쏠져

영어 문장을 따라하며 에코잉 해 보세요.

> **그들**은 (누구)니?
> (누구)였니?
>
> Are they ~
> Were they ~

그들은 선생님이니?
선생님 teachers

Are they teachers?
알 데이 티쳐스

그들은 선생님이었니?
선생님 teachers

Were they teachers?
월 데이 티쳐스

그들은 가수니?
가수 singers

Are they singers?
알 데이 씽어스

그들은 가수였니?
가수 singers

Were they singers?
월 데이 씽어스

그들은 화가니?
화가 painters

Are they painters?
알 데이 페인터스

그들은 화가였니?
화가 painters

Were they painters?
월 데이 페인터스

그들은 군인이니?
군인 soldiers

Are they soldiers?
알 데이 쏠져스

그들은 군인이었니?
군인 soldiers

Were they soldiers?
월 데이 쏠져스

우리말만 보고 영어로 **자동발사** 해 보세요. 🎧 MP3를 들으며 자동발사가 되는지 확인해 보세요.

너는 (누구)니?, (누구)였니?   Are you ~, Were you ~

너는 선생님이니?	📣 Are you a teacher?
너는 선생님이었니?	
너는 가수니?	
너는 가수였니?	
너는 화가니?	
너는 화가였니?	
너는 군인이니?	
너는 군인이었니?	

그들은 (누구)니?, (누구)였니?   Are they ~, Were they ~

그들은 선생님이니?	📣 Are they teachers?
그들은 선생님이었니?	
그들은 가수니?	
그들은 가수였니?	
그들은 화가니?	
그들은 화가였니?	
그들은 군인이니?	
그들은 군인이었니?	

다시 한 번 말해보면서 자동발사 되는지 **확인** 해 보세요.

너는 (누구)니?, (누구)였니?

너는 선생님이니?	Are you a teacher?
너는 선생님이었니?	Were you a teacher?
너는 가수니?	Are you a singer?
너는 가수였니?	Were you a singer?
너는 화가니?	Are you a painter?
너는 화가였니?	Were you a painter?
너는 군인이니?	Are you a soldier?
너는 군인이었니?	Were you a soldier?

그들은 (누구)니?, (누구)였니?

그들은 선생님이니?	Are they teachers?
그들은 선생님이었니?	Were they teachers?
그들은 가수니?	Are they singers?
그들은 가수였니?	Were they singers?
그들은 화가니?	Are they painters?
그들은 화가였니?	Were they painters?
그들은 군인이니?	Are they soldiers?
그들은 군인이었니?	Were they soldiers?

영어 문장을 따라하며 에코잉 해 보세요. MP3를 들으며 메아리처럼 에코잉 해 보세요.

그는 (누구)니?
**　　(누구)였니?**

Is he ~
Was he ~

그는 선생님이니?　　　　　Is he a teacher?
선생님 a teacher　　　　　　이즈 히 어　티쳐

그는 선생님이었니?　　　　Was he a teacher?
선생님 a teacher　　　　　　워즈 히 어　티쳐

그는 가수니?　　　　　　　Is he a singer?
가수 a singer　　　　　　　이즈 히 어　씽어

그는 가수였니?　　　　　　Was he a singer?
가수 a singer　　　　　　　워즈 히 어　씽어

그는 피아니스트니?　　　　Is he a pianist?
피아니스트 a pianist　　　　이즈 히 어　피애니스트

그는 피아니스트였니?　　　Was he a pianist?
피아니스트 a pianist　　　　워즈 히 어　피애니스트

그는 과학자니?　　　　　　Is he a scientist?
과학자 a scientist　　　　　이즈 히 어　싸이언티스트

그는 과학자였니?　　　　　Was he a scientist?
과학자 a scientist　　　　　워즈 히 어　싸이언티스트

영어 문장을 따라하며 에코잉 해 보세요.

| 그녀는 (누구)니? | Is she ~ |
| (누구)였니? | Was she ~ |

그녀는 선생님이니?
선생님 a teacher

Is she a teacher?
이즈 쉬 어 티쳐

그녀는 선생님이었니?
선생님 a teacher

Was she a teacher?
워즈 쉬 어 티쳐

그녀는 가수니?
가수 a singer

Is she a singer?
이즈 쉬 어 씽어

그녀는 가수였니?
가수 a singer

Was she a singer?
워즈 쉬 어 씽어

그녀는 피아니스트니?
피아니스트 a pianist

Is she a pianist?
이즈 쉬 어 피애니스트

그녀는 피아니스트였니?
피아니스트 a pianist

Was she a pianist?
워즈 쉬 어 피애니스트

그녀는 과학자니?
과학자 a scientist

Is she a scientist?
이즈 쉬 어 싸이언티스트

그녀는 과학자였니?
과학자 a scientist

Was she a scientist?
워즈 쉬 어 싸이언티스트

자동발사 톡!

우리말만 보고 영어로 **자동발사** 해 보세요.　　　MP3를 들으며 자동발사가 되는지 확인해 보세요.

그는 (누구)니?, (누구)였니?　　Is he ~, Was he ~

그는 선생님이니?	Is he a teacher?
그는 선생님이었니?	
그는 가수니?	
그는 가수였니?	
그는 피아니스트니?	
그는 피아니스트였니?	
그는 과학자니?	
그는 과학자였니?	

그녀는 (누구)니?, (누구)였니?　　Is she ~, Was she ~

그녀는 선생님이니?	Is she a teacher?
그녀는 선생님이었니?	
그녀는 가수니?	
그녀는 가수였니?	
그녀는 피아니스트니?	
그녀는 피아니스트였니?	
그녀는 과학자니?	
그녀는 과학자였니?	

다시 한 번 말해보면서 자동발사 되는지 **확인** 해 보세요.

그는 (누구)니?, (누구)였니?

그는 선생님이니?	Is he a teacher?
그는 선생님이었니?	Was he a teacher?
그는 가수니?	Is he a singer?
그는 가수였니?	Was he a singer?
그는 피아니스트니?	Is he a pianist?
그는 피아니스트였니?	Was he a pianist?
그는 과학자니?	Is he a scientist?
그는 과학자였니?	Was he a scientist?

그녀는 (누구)니?, (누구)였니?

그녀는 선생님이니?	Is she a teacher?
그녀는 선생님이었니?	Was she a teacher?
그녀는 가수니?	Is she a singer?
그녀는 가수였니?	Was she a singer?
그녀는 피아니스트니?	Is she a pianist?
그녀는 피아니스트였니?	Was she a pianist?
그녀는 과학자니?	Is she a scientist?
그녀는 과학자였니?	Was she a scientist?

더글라스 선생님의
동영상강의

왕초보영어 탈출
해커스톡

해커스톡 자동발사영어

자동발사 최종 확인!

도전 방법

🗨 주어진 한글 문장을 보고 영어로 자동발사 되는지 말해 보세요.

☑ 자동발사된 문장은 오른쪽 네모 상자에 표시해 보세요.
자동발사 되지 않은 문장들은 정답을 확인하여 다시 한 번 영어로 말해 보세요.

DAY 01 p.7~15

우리말만 보고 영어로 자동발사 되는지 표시(✓)해 보세요.

1	나는 춤춰.	☐
2	나는 만들어.	☐
3	나는 좋아해.	☐
4	너는 달려.	☐
5	너는 마셔.	☐
6	그는 노래해.	☐
7	그는 마셔.	☐
8	그는 사.	☐
9	그녀는 일해.	☐
10	그녀는 좋아해.	☐

정답

1 I dance.   6 He sings.
2 I make.   7 He drinks.
3 I like.   8 He buys.
4 You run.   9 She works.
5 You drink.   10 She likes.

DAY 02 p.17~25

우리말만 보고 영어로 자동발사 되는지 표시(✓)해 보세요.

발사!

1 나는 우유를 사. ☐

2 나는 TV를 봐. ☐

3 나는 책을 읽어. ☐

4 너는 맥주를 마셔. ☐

5 너는 축구를 해. ☐

6 그는 커피를 만들어. ☐

7 그는 컴퓨터를 사용해. ☐

8 그는 자동차를 운전해. ☐

9 그녀는 파스타를 좋아해. ☐

10 그녀는 편지를 써. ☐

정답

1 I buy milk.
2 I watch TV.
3 I read a book.
4 You drink beer.
5 You play soccer.
6 He makes coffee.
7 He uses a computer.
8 He drives a car.
9 She likes pasta.
10 She writes a letter.

DAY 03 p.27~35

우리말만 보고 영어로 자동발사 되는지 표시(✓)해 보세요.

1 나는 맥주를 안 마셔.

2 나는 TV를 안 봐.

3 나는 책을 안 읽어.

4 너는 노래 안 해.

5 너는 축구를 안 해.

6 그는 춤 안 춰.

7 그는 컴퓨터를 사용 안 해.

8 그는 자동차를 운전 안 해.

9 그녀는 파스타를 안 좋아해.

10 그녀는 편지를 안 써.

정답

1 I don't drink beer.
2 I don't watch TV.
3 I don't read a book.
4 You don't sing.
5 You don't play soccer.
6 He doesn't dance.
7 He doesn't use a computer.
8 He doesn't drive a car.
9 She doesn't like pasta.
10 She doesn't write a letter.

DAY 04 p.37~45

우리말만 보고 영어로 자동발사 되는지 표시(✓)해 보세요.

발사!

1 너는 맥주를 마시니? ☐

2 너는 TV를 보니? ☐

3 너는 책을 읽니? ☐

4 그들은 노래하니? ☐

5 그들은 축구를 하니? ☐

6 그는 춤추니? ☐

7 그는 컴퓨터를 사용하니? ☐

8 그는 자동차를 운전하니? ☐

9 그녀는 파스타를 좋아하니? ☐

10 그녀는 편지를 쓰니? ☐

정답

1 Do you drink beer?
2 Do you watch TV?
3 Do you read a book?
4 Do they sing?
5 Do they play soccer?
6 Does he dance?
7 Does he use a computer?
8 Does he drive a car?
9 Does she like pasta?
10 Does she write a letter?

DAY 05 p.47~55

우리말만 보고 영어로 자동발사 되는지 표시(✓)해 보세요.

1 나는 사탕을 좋아했어. ☐

2 나는 수지를 사랑했어. ☐

3 나는 와인을 마셨어. ☐

4 너는 춤췄어. ☐

5 너는 전화기를 사용했어. ☐

6 그는 일했어. ☐

7 그는 상자를 열었어. ☐

8 그는 이메일을 확인했어. ☐

9 그녀는 테니스를 쳤어. ☐

10 그녀는 점심을 만들었어. ☐

정답

1 I liked candy.
2 I loved 수지.
3 I drank wine.
4 You danced.
5 You used a phone.
6 He worked.
7 He opened a box.
8 He checked e-mail.
9 She played tennis.
10 She made lunch.

p.57~65

우리말만 보고 영어로 자동발사 되는지 표시(☑)해 보세요.

1 나는 영어를 공부 안 했어. ☐

2 나는 문을 안 닫았어. ☐

3 나는 소파를 안 바꿨어. ☐

4 너는 안 갔어. ☐

5 너는 방을 청소 안 했어. ☐

6 우리는 안 잤어. ☐

7 우리는 책을 안 읽었어. ☐

8 우리는 그림을 안 그렸어. ☐

9 그는 버스를 안 탔어. ☐

10 그는 숙제를 안 끝냈어. ☐

정답
1 I didn't study English.
2 I didn't close a door.
3 I didn't change a sofa.
4 You didn't go.
5 You didn't clean a room.
6 We didn't sleep.
7 We didn't read a book.
8 We didn't draw a picture.
9 He didn't take a bus.
10 He didn't finish homework.

DAY 07 p.67~75

우리말만 보고 영어로 자동발사 되는지 표시(✓)해 보세요.

발사!

1 너는 영어를 공부했니? ☐
2 너는 문을 닫았니? ☐
3 너는 소파를 바꿨니? ☐
4 그들은 갔니? ☐
5 그들은 방을 청소했니? ☐
6 그는 잤니? ☐
7 그는 책을 읽었니? ☐
8 그는 그림을 그렸니? ☐
9 그녀는 버스를 탔니? ☐
10 그녀는 숙제를 끝냈니? ☐

정답

1 Did you study English?
2 Did you close a door?
3 Did you change a sofa?
4 Did they go?
5 Did they clean a room?
6 Did he sleep?
7 Did he read a book?
8 Did he draw a picture?
9 Did she take a bus?
10 Did she finish homework?

DAY 08 p.77~85

우리말만 보고 영어로 자동발사 되는지 표시(☑)해 보세요.

		발사!
1	나는 택시를 탈 거야.	☐
2	나는 차를 안 마실 거야.	☐
3	나는 생선을 안 먹을 거야.	☐
4	우리는 갈 거야.	☐
5	우리는 차를 마실 거야.	☐
6	그들은 안 갈 거야.	☐
7	그들은 테니스를 칠 거야.	☐
8	그들은 저녁을 만들 거야.	☐
9	그는 택시를 안 탈 거야.	☐
10	그는 저녁을 안 만들 거야.	☐

정답

1. I will take a taxi.
2. I won't drink tea.
3. I won't eat fish.
4. We will go.
5. We will drink tea.
6. They won't go.
7. They will play tennis.
8. They will make dinner.
9. He won't take a taxi.
10. He won't make dinner.

DAY 09 p.87~95

우리말만 보고 영어로 자동발사 되는지 표시(✓)해 보세요.

1	너는 택시를 탈 거니?	☐
2	너는 카메라를 가져올 거니?	☐
3	너는 선물을 보낼 거니?	☐
4	그들은 갈 거니?	☐
5	그들은 차를 마실 거니?	☐
6	그는 머무를 거니?	☐
7	그는 골프를 칠 거니?	☐
8	그는 저녁을 만들 거니?	☐
9	그녀는 게임을 시작할 거니?	☐
10	그녀는 파이를 구울 거니?	☐

정답

1 Will you take a taxi?
2 Will you bring a camera?
3 Will you send a gift?
4 Will they go?
5 Will they drink tea?
6 Will he stay?
7 Will he play golf?
8 Will he make dinner?
9 Will she start a game?
10 Will she bake a pie?

DAY 10 p.97~105

우리말만 보고 영어로 자동발사 되는지 표시(✓)해 보세요.

1 나는 영어를 말할 수 있어. ☐
2 나는 파이를 구울 수 없어. ☐
3 나는 자동차를 운전할 수 없어. ☐
4 너는 뛸 수 있어. ☐
5 너는 파이를 구울 수 있어. ☐
6 그들은 뛸 수 없어. ☐
7 그들은 파스타를 만들 수 있어. ☐
8 그들은 숙제를 끝낼 수 있어. ☐
9 그녀는 영어를 말할 수 없어. ☐
10 그녀는 숙제를 끝낼 수 없어. ☐

정답

1 I can speak English.
2 I can't bake a pie.
3 I can't drive a car.
4 You can jump.
5 You can bake a pie.
6 They can't jump.
7 They can make pasta.
8 They can finish homework.
9 She can't speak English.
10 She can't finish homework.

DAY 11 p.107~115

우리말만 보고 영어로 자동발사 되는지 표시(✓)해 보세요.

1 너는 영어를 말할 수 있니? ☐
2 너는 농구를 할 수 있니? ☐
3 너는 샌드위치를 만들 수 있니? ☐
4 그들은 뛸 수 있니? ☐
5 그들은 파이를 구울 수 있니? ☐
6 그는 시도할 수 있니? ☐
7 그는 그림을 그릴 수 있니? ☐
8 그는 숙제를 끝낼 수 있니? ☐
9 그녀는 내 목소리를 들을 수 있니? ☐
10 그녀는 트럭을 운전할 수 있니? ☐

정답

1 Can you speak English?
2 Can you play basketball?
3 Can you make a sandwich?
4 Can they jump?
5 Can they bake a pie?
6 Can he try?
7 Can he draw a picture?
8 Can he finish homework?
9 Can she hear my voice?
10 Can she drive a truck?

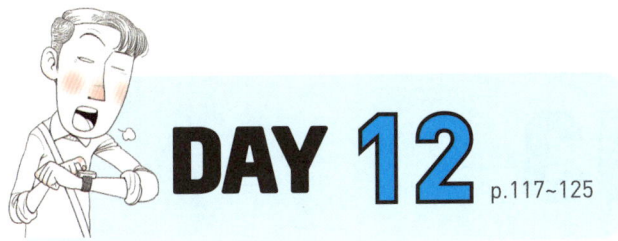

DAY 12 p.117~125

우리말만 보고 영어로 자동발사 되는지 표시(✓)해 보세요.

1 나는 영화를 봐야 해.

2 나는 펜을 사용하면 안 돼.

3 나는 창문을 닫으면 안 돼.

4 우리는 기다려야 해.

5 우리는 펜을 사용해야 해.

6 그들은 기다리면 안 돼.

7 그들은 집을 사야 해.

8 그들은 음식을 가져와야 해.

9 그녀는 영화를 보면 안 돼.

10 그녀는 음식을 가져오면 안 돼.

정답

1 I should watch a movie.
2 I shouldn't use a pen.
3 I shouldn't close a window.
4 We should wait.
5 We should use a pen.
6 They shouldn't wait.
7 They should buy a house.
8 They should bring food.
9 She shouldn't watch a movie.
10 She shouldn't bring food.

DAY 13 p.127~135

우리말만 보고 영어로 자동발사 되는지 표시(✓)해 보세요.

1 나는 욕실을 청소해야 하니? ☐

2 나는 편지를 보내야 하니? ☐

3 나는 숙제를 끝내야 하니? ☐

4 우리는 기다려야 하니? ☐

5 우리는 지우를 도와야 하니? ☐

6 그들은 떠나야 하니? ☐

7 그들은 의자를 칠해야 하니? ☐

8 그들은 경주를 시작해야 하니? ☐

9 그는 코트를 입어야 하니? ☐

10 그는 리포트를 써야 하니? ☐

정답

1 Should I clean a bathroom?
2 Should I send a letter?
3 Should I finish homework?
4 Should we wait?
5 Should we help 지우?
6 Should they leave?
7 Should they paint a chair?
8 Should they start a race?
9 Should he wear a coat?
10 Should he write a report?

DAY 14 p.137~145

우리말만 보고 영어로 자동발사 되는지 표시(✓)해 보세요.

1 나는 샐러드를 먹을지도 몰라. ☐

2 나는 자동차를 안 살지도 몰라. ☐

3 나는 부산을 방문 안 할지도 몰라. ☐

4 우리는 여행할지도 몰라. ☐

5 우리는 자동차를 살지도 몰라. ☐

6 그는 여행 안 할지도 몰라. ☐

7 그는 시간이 필요할지도 몰라. ☐

8 그는 집을 팔지도 몰라. ☐

9 그녀는 샐러드를 안 먹을지도 몰라. ☐

10 그녀는 집을 안 팔지도 몰라. ☐

정답

1 I might eat salad.
2 I might not buy a car.
3 I might not visit 부산.
4 We might travel.
5 We might buy a car.
6 He might not travel.
7 He might need time.
8 He might sell a house.
9 She might not eat salad.
10 She might not sell a house.

p.147~155

우리말만 보고 영어로 자동발사 되는지 표시(✓)해 보세요.

1 나는 슬퍼. ☐

2 나는 키가 크지 않아. ☐

3 나는 배고프지 않아. ☐

4 너는 행복해. ☐

5 너는 키가 커. ☐

6 그는 행복하지 않아. ☐

7 그는 말랐어. ☐

8 그는 똑똑해. ☐

9 그녀는 슬프지 않아. ☐

10 그녀는 똑똑하지 않아. ☐

정답

1 I am sad.
2 I am not tall.
3 I am not hungry.
4 You are happy.
5 You are tall.
6 He is not happy.
7 He is thin.
8 He is smart.
9 She is not sad.
10 She is not smart.

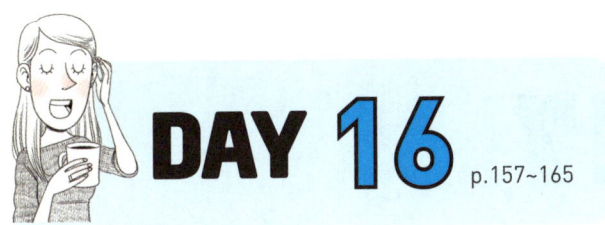

DAY 16 p.157~165

우리말만 보고 영어로 자동발사 되는지 표시(✓)해 보세요.

1 나는 슬펐어. ☐

2 나는 예쁘지 않았어. ☐

3 나는 피곤하지 않았어. ☐

4 너는 행복했어. ☐

5 너는 예뻤어. ☐

6 그는 행복하지 않았어. ☐

7 그는 귀여웠어. ☐

8 그는 유명했어. ☐

9 그녀는 슬프지 않았어. ☐

10 그녀는 유명하지 않았어. ☐

정답

1 I was sad.
2 I was not pretty.
3 I was not tired.
4 You were happy.
5 You were pretty.
6 He was not happy.
7 He was cute.
8 He was famous.
9 She was not sad.
10 She was not famous.

DAY 17 p.167~175

우리말만 보고 영어로 자동발사 되는지 표시(✓)해 보세요.

발사!

1 너는 슬프니? ☐
2 너는 준비됐었니? ☐
3 너는 부유했니? ☐
4 그들은 행복하니? ☐
5 그들은 준비됐니? ☐
6 그는 행복했니? ☐
7 그는 화났니? ☐
8 그는 친절하니? ☐
9 그녀는 슬펐니? ☐
10 그녀는 친절했니? ☐

정답

1 Are you sad?
2 Were you ready?
3 Were you rich?
4 Are they happy?
5 Are they ready?
6 Was he happy?
7 Is he angry?
8 Is he kind?
9 Was she sad?
10 Was she kind?

DAY 18 p.177~185

우리말만 보고 영어로 자동발사 되는지 표시(✓)해 보세요.

발사!

1 나는 가수야. ☐

2 나는 모델이 아니야. ☐

3 나는 학생이 아니야. ☐

4 그는 선생님이야. ☐

5 그는 모델이야. ☐

6 너는 선생님이 아니야. ☐

7 너는 댄서야. ☐

8 너는 작가야. ☐

9 그들은 가수가 아니야. ☐

10 그들은 작가가 아니야. ☐

정답

1 I am a singer.
2 I am not a model.
3 I am not a student.
4 He is a teacher.
5 He is a model.
6 You are not a teacher.
7 You are a dancer.
8 You are a writer.
9 They are not singers.
10 They are not writers.

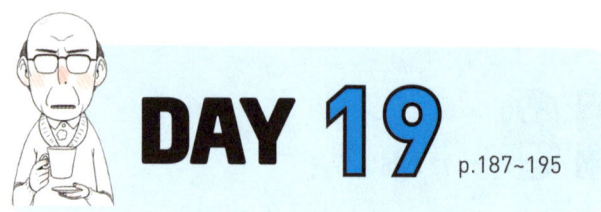

DAY 19 p.187~195

우리말만 보고 영어로 자동발사 되는지 표시(✓)해 보세요.

발사!

1 나는 가수였어. ☐

2 나는 간호사가 아니었어. ☐

3 나는 버스 운전사가 아니었어. ☐

4 그녀는 선생님이었어. ☐

5 그녀는 간호사였어. ☐

6 너는 선생님이 아니었어. ☐

7 너는 경찰관이었어. ☐

8 너는 리포터였어. ☐

9 그들은 가수가 아니었어. ☐

10 그들은 리포터가 아니었어. ☐

정답
1 I was a singer.
2 I was not a nurse.
3 I was not a bus driver.
4 She was a teacher.
5 She was a nurse.
6 You were not a teacher.
7 You were a police officer.
8 You were a reporter.
9 They were not singers.
10 They were not reporters.

DAY 20 p.197~205

우리말만 보고 영어로 자동발사 되는지 표시(✓)해 보세요.

1 너는 가수니?
2 너는 화가였니?
3 너는 군인이었니?
4 그들은 선생님이니?
5 그들은 화가니?
6 그는 선생님이었니?
7 그는 피아니스트니?
8 그는 과학자니?
9 그녀는 가수였니?
10 그녀는 과학자였니?

정답

1 Are you a singer?
2 Were you a painter?
3 Were you a soldier?
4 Are they teachers?
5 Are they painters?
6 Was he a teacher?
7 Is he a pianist?
8 Is he a scientist?
9 Was she a singer?
10 Was she a scientist?